松下圭一　*私の仕事——著述目録

ありし日の松下圭一先生

（撮影：天野巡一）

発刊の辞

私たちが敬愛してやまない松下圭一先生は、二〇一五年五月六日午前一時二十分、八十五歳で生涯を終えられた。ご自宅でご家族に見守られ、笑みを浮かべて旅立たれたという。五十年の長きにわたって導いていただいた私の目から、先生は、ご自身が定位された「市民的人間型」を理論上の「可能性」としてではなく、みずからの生き方として最後まで体現されたと心底から感動する。そうした先生にいまはただ感謝と哀悼のまことをささげたい。

先生は一九二九年に福井市に生まれ、金沢市の旧制四高をへて、一九五二年に東京大学法学部を卒業された。在学中は丸山眞男ゼミに参加、そして卒業と同時に法政大学法学部に助手として着任されてから二〇〇〇年に同大学を定年退職されるまで、要職をにないつつ同大学一筋に研究・教育にたずさわり、日本政治学会理事長や自ら設立にかかわられた日本公共政策学会の初代会長を歴任された。

このように高名な先生にもかかわらず、私たちは「お圭さん」の愛称でお呼びし親しくおつきあいいただいた。数えきれないほど多くの出あいと歓談のなかで、先生が発せられる言葉のはしはしにちりばめられた刺激的な着想・論点の披歴や問いかけに私たちの心は沸きたち、私の幼い頭脳はいつも熱く飽和状態に達していたように思う。私にかぎらず、先生とめぐりあわれた多くの方々は、いつもさわやかな知的緊張を先生との交わりのなかで感じとられたと思う。

＊　＊　＊

先生は、市民政治理論あるいは近代啓蒙哲学の祖とされる十七世紀イギリスのジョン・ロックの研究を起点に、「近代市民政治理論」の思想史研究をおこない、その成果を現代にまで敷衍して、壮大な構想力で「現代市民政治理論」を構築された、不世出の思想家・理論家であった。先生の理論の核心は、近代化過程における歴史構造の変化を「Ⅰ型（国家主権）・Ⅱ型（階級闘争）・Ⅲ型（大衆政治）段階」に類型化し、新たに定位された「市民」「市民自治」「都市型社会」「自治体」「信託政府」「国会内閣制」「分節政治」などの概念をふまえて「現代市民政治」の確立の条件と課題を理論化することにあった。

この文脈において先生は実にひろい理論領域にとりくまれた。領域区分が適切かどうかはともかくとして、私たちは、先生が「新しい時代の新しい理論には新しい言葉が必要」と考え独自に造語された多数の概念とともに、次のようなひろい理論領域と多数の理論テーマを想起することができる。

・近代市民政治論（ジョン・ロック論を中心とした思想史研究）
・社会理論（大衆社会論、都市型社会論）
・市民文化論（市民的人間型論、市民自治論、女性市民論、市民活動論、市民学習論＝社会教育の終焉、文化類型論）
・政治理論（市民政治論、信託政府論、分節政治論＝政府三分化論）

・日本政治論（大衆天皇制論、政党類型論、官僚内閣制・国会内閣制論）
・法学理論（憲法・行政法論、自治体基本条例論）
・自治体理論（地域民主主義論、自治体改革論（自治体再構築論）、二元代表制論、市民・職員参加論、政策法務・政策財務論、自治体計画論）
・政策論（シビル・ミニマム論、政策情報公開論、市民防衛・危機管理理論、都市景観論、公共政策論）

こうして先生はぼう大な著作を積み重ねられた。理論領域がひろがり、理論体系が大きくなるにつれて、先生は読む者の便宜を考慮して、問題設定をふくむ思考軸・思考歴をくわしく解説されるようになった。そして個々の論考と松下理論をつらぬく思考軸・思考歴をシンクロナイズして向きあうことを期待された。先生は、本書にも収録した絶筆「私の仕事」でもご自身の理論活動について、次のようにふり返っておられる。

「私の社会・政治・行政理論の〈方法論〉は、最初の『市民政治理論の形成』、また『現代政治の条件』以来きずきあげてきた《歴史・構造》方法である。つまり、歴史の変化のなかに現実の構造変化をみ、また現実の構造変化をおしすすめて歴史の変化をつくりだす、という考え方を私はとっている。それゆえ私の理論の立ち位置は、市民起点の〈自治体改革〉からはじまる《市民型構造改革》である。」

先生が「歴史の変化のなかに現実の構造変化をみた」のが「近代化段階の三類型」の提起であったとすれば、「現実の構造変化をおしすすめて歴史の変化をつくりだす」理論の核心は「現代市民政治の確立」であった。そしてこの後者のために、「国家統治から市民自治へ」あるいは「官治集権から自治分権へ」という、日本型特性をふまえた問題設定のもとに、「市民起点の自治体改革からはじまる市民型構造改革」の理論を提起されたのである。

いまここでその細部に分け入ることはできないが、先生の改革理論はきわめて実効性が高かった。多くの人が認めるように、たとえば先生の自治体改革論（自治体再構築論）にけん引されてすすんだ、市民と自治体の力量の向上と「政府」としての自治体の自立は、二〇〇〇年の地方分権改革に接続していった。このような松下理論の実効性の高さは、思考軸のたしかさにくわえて、思想→構想→現場→改革→思想という思考循環における、「現場」を熟知した理論形成の方法にもよっている。これも松下理論の説得力と影響力の源泉であった。

　思考軸の明快さにくわえて、現場をふまえているがゆえにわかりやすい松下理論は、全国に「松下ファン」をひろげた。「松下学校の門下生」「現代版松下村塾の塾生」を自認・自称する人も大勢いる。先生は、全国各地のまねきに快く応えられ、学習会、講演会、研究会におもむかれた。教える者と教わる者が立場を入れかえる相互学習をモットーとされた先生は、そうした交流の場を理論形成上の重要な「現場」と考える、まことにアウトリーチに徹した理論家であった。

　けれども、というべきか、先生は晩年、「成熟と洗練」「没落と焦燥」という言葉を多用された。「洗練」された市民政治の「成熟」の予測に逆行し、怠慢と拙劣な対応を露呈する現実の政治・行政の様相に、日本の「没落」を予感し、「焦燥」をつのらせたのである。こうして先生は、日本没落の「予測」ではなく「予感」という表現を用いられて、なお生き続ける私たち市民に大きな宿題を課して逝かれた。

＊　＊　＊

本書は松下圭一先生の著述目録である。先生は、著書『現代政治＊発想と回想』（法政大学出版局、二〇〇六年）で、一九四九年にはじまる二〇〇六年までの著述目録を整理しておられるが、それ以降二〇一四年一月までの分は、公人の友社社長の武内英晴氏が先生の手書き原稿の状態で保管されていた。本書は、あらためてこの二つを接合するとともに、それ以降の若干分を補って、先生の生涯著述目録としてまとめたものである。

本書の発刊にあたっては、先生が大塚信一『松下圭一　日本を変える―市民自治と分権の思想』（トランスビュー、二〇一四年）に寄稿された「私の仕事」を再録させていただいた。先生はこの寄稿について、「書く機会が与えられたことで病による憔悴から気力を取り戻すことができた」と深く謝意を表しておられた。くしくもこれが先生の絶筆となり、また先生ご自身による簡潔で明快なお仕事の回想録でもあることから、本書の巻頭にふさわしいと考えた。

先生の思想と理論は、その歴史性・構造性・現代性・予測性、くわえて市民性・現場性・実効性のゆえに、これからもながく現代政治のなかで生命力と影響力をもち続けていくであろう。これから市民政治ないしは市民自治の研究と実践をこころざして松下理論をひも解く市民にとって、また、あらためて松下理論の再確認・再学習をこころざす市民にとって、本書がそのデータベースとしてお役にたてることを願ってやまない。

なお、先生は、著書『戦後政治の歴史と思想』（筑摩書房、一九九四年）の「解題」、前掲『現代政治＊発想と回想』とその「あとがき」、『自治体改革＊歴史と対話』（法政大学出版局、二〇一〇年）の「補論」、『ロック「市民政府論」を読む』（岩波現代文庫、二〇一四年）の「〈官治・集権〉の日本とロック―「岩波現代文庫版」あとがきにかえて」においても、理論構築における問題設定をふくむご自身の思考軸・思考歴を詳しく述べておられる。本書とあわせての活用をおすすめしたい。

先生の著述目録の刊行は、公人の友社が先生の生前にご承諾いただいていた。本書の刊行はそれをふまえて、あらためて美知子（画号・松下黄沙）夫人とご相談のうえおこなわれたものである。夫人は悲しみが癒えないなか、先生のいつもの著書のときと同様にすばらしい装画を添えてくださった。

本書の刊行にあたって、転載を快く承知してくださった法政大学出版局とトランスビューならびに大塚信一氏、二〇〇六年までの著述目録の作成に助力された龍谷大学の土山希美枝氏、あらためて校閲の労をとってくださった方々、また、各地で開催予定の「先生をしのぶ会」からの要請があって急ぎの作業を強いられながら丁寧な本づくりをしてくださった武内英晴氏、これらのみなさんにたいして，まことに僭越ながら、先生と美知子夫人に代わって感謝もうしあげたい。

二〇一五年七月

神原　勝（北海道大学名誉教授）

目次

私の仕事

松下圭一

私は小学生のころから地域の町内会費集め、中学時代の農家や軍需プロペラ工場などへの学徒動員、また敗戦後、金沢の高校（旧制四高）では市民二人がつくった、発禁本をふくむ「市民文庫」にかよい、大学での学生新聞編集長、丸山眞男ゼミ、大学助手の時には日本で最初の中村哲・丸山眞男・辻清明編『政治学事典』編集のため、一時出版社の平凡社で仕事をし、印刷所にもつめた。いわば〈複合〉した生活・経験のなかで、いろいろな人々と知りあうことができた。

その間、戦争末の福井市空襲、戦後の福井大地震による、家と地域の焼失・壊滅によって、〈日常性〉の完全な崩壊を短期間で二度経験した。《都市型社会》をめぐって、後述する「シビル・ミニマム（生活権）論」の理論着想は、この原体験にある。

一七世紀、ヨーロッパ《近代》を構想して「啓蒙哲学」の祖となり、ルソー、カントへの系譜もかたちづくったロックについて、一九五九年、日本で初めての本格研究となる私の第一作『市民政治理論の形成』（岩波書店）を刊行したが（『ロック『市民政府論』を読む』岩波現代文庫、二〇一四年参照）、そのときすでに、日本でのマルクス主義崩壊のキッカケとなった、私の提起による《現代》をめぐっての《大衆社会論争》を終えていた（拙著『現代政治の条件』中央公論社、一九五九年、同『戦後政治の歴史と思想』ちくま学芸文庫、一九九四年参照）。その後、《現代》をめぐる「大衆社会＝都市型社会」を立論して、私は《近代・現代二段階論》という、〈歴史・構造〉（後述）のマクロ定式をきずいていく。

なお、日本の大衆社会への移行を背景とした、「ミッチー・ブーム」をめぐる一九五九年の拙論「大衆天皇制論」（『中央公論』四月号）は、《現代》天皇制論の一般定型となり、私の論旨への賛成・反対を問わず引照される「事件」となった。

高度成長期の一九六〇年代以降は、日本の《現代》への移行をめぐって、いずれも日本で初めて理論化したのだが、（1）のちにボランティアからNPO、NGOも当然ふくむことになる市民活動の理論化、（2）市民自治を基点に政治を多元・重層化する自治体改革の提起、さらに（3）国政をめぐる官僚法学・講壇法学の理論再編、くわうるに「国会」また〈官僚内閣制〉の制度改革という、三層の「複合改革」をめざしていく。私は大学で授業には勤勉だったが、四〇歳代以降、「研究室」はもたなくなっていた。私の仕事が〈複合〉していたからである。

註　私の回想録に、『現代政治＊発想と回想』二〇〇六年（「松下圭一著述目録」を収める）、『自治体改革＊歴史と対話』二〇一〇年、いずれも法政大学出版局、がある。

戦後の『日本国憲法』でも、日本の自治体は「国」つまり官僚が「国法」ないし「通達・補助金」で中味をつめる、〈空虚〉な「地方公共団体」にすぎなかった（同九二条）。このため、今日、日本語になっている《自治体改革》という言葉は、私が一九六〇年前後に新しく造語している。新しい時代は新しい言葉を必要とするからである。この自治体改革は、自治体の〈独自〉政府としての自治性・地域性・自立性の熟成を中核におき、その後、後出の《二〇〇〇年分権改革》につながっていく（拙著『二〇〇〇年分権改革と自治体危機』公人の友社、二〇一四年参照）。

統一地方選挙の年である一九六三年は、私の予測どおり、早くも《自治体改革》の出発の年となった。都市型社会のあり方を模索する「市民活動」を起点に、当時はまだ革新系市町村長・知事が主導で、七〇年代まで続く〈革新自治体〉の時代となった。当時、「革新市長会議」は、前述の《自治体改革》をかかげ、革新市には横浜、仙台、神戸、金沢、旭川、武蔵野などなど全国の市の三分の一、これに東京都ほかいくつかの県も間接にくわわった。

この革新自治体では、これまで日本で政治の課題となっていなかった、都市型の総合性をもつ「市民福祉」を基軸に、緑化、下水道、公害をあらたな戦略課題とする《自治体計画》の推進をすすめていく（拙著『自治体は変わるか』〔7〕回想の武蔵野市計画、岩波新書、一九九九年参照）。この《自治体改革》という私の発想は、一九六〇年前後の「警職法」、「安保」で神話化されていた賛成デモ・反対デモが、いずれも実際には日当つきの政党動員によって街頭を流れただけで、大都市東京でも当時その地域社会は「行政下請」のムラ型「町会支配」のままという、戦後政治動員の盲点への批判からはじまった（私もくわわった『大都市における地域政治の構造』〔杉並区調査〕都政調査会、一九六〇年参照。前掲拙著『現代政治＊発想と回想』三八頁以降に詳しい）。

もちろん、小布施《おぶせ》、湯布院《ゆふいん》などの名望家主導、妻籠《つまご》、柳川などの公務員個人主導の個性ある地域づくりも、地域特性をきわだたせて画期となっていた。新型・大量の革新自治体をふくめ、これら各種の「先駆自治体」がなければ、行政とは「国法の執行」という官治・集権型のみじめな「画一」に、日本の地域はなっていただろう。

この《自治体改革》への自治体内部からの本格始動は全国各地で多様にみられたが、東京・多摩地区での自治体職員個人みずからによる「自主研究会」方式の出発も、これにあげられる。この自主研究会にもとめられて、私の編集で、一九八〇年『職員参加』（学陽書房）、また一九八六年『自治体の先端行政』（同）を刊行し、日本における職員革新への実務開発のはじまりとなる。当然、「自治研集会」をふくめた、自治労系の企業労働組合における「階級闘争論」の不毛性も批判して、職員の個人自発性による〈職場〉の再構築を提起していく。この研究会の流れは、二〇一四年の今も月一回「行政技術研究会」の名で、私も毎回参加してつづき、その間《自治体改革》の多くの先端を現場の視点から切り開いてきた。

自治体独自の〈政策法務〉（私の造語）の確立をめざして、明治国家以来戦後もつづく日本の官治・集権型からあらたに自治・分権型へという、行政法学転換の画期となったのは、天野巡一（武蔵野市職員、のち岩手県立大学教授）、岡田行雄（三鷹市役所職員）、加藤良重（小金井市職員、のち自治体職員研修、大学などの講師歴任）著『政策法務と自治体』（日本評論社、一九八九年）であった。これも、この多摩の研究会を背景にもつ。

また、私はコンピューターが今日ほど普及していなかった当時、関連のある出版社とともに、新しい理論フロンティアであるこの《自治体改革》をめぐって、たとえば大冊二冊の『資料革新自治体（正・続）』（松下圭一、鳴海正泰、神原勝、大矢野修編、日本評論社、一九九〇年、一九九八年）など、幾種類もの「自治体資料集」を編集し、自治体の新時代にふさわしい（1）市民活動、（2）自治体改革、（3）国政・国法改革についての資料の整理・刊行もおこなってきた（前述、「松下圭一著述目録」参照）。

しかし、当時、〈国家統治〉をかかげる官僚たちは、「都市型社会」への移行にともなう、歴史上はじめての、この（1）

（２）（３）の激動を理解できず、一時はパニックにおちいっていたといってよい。私は人事院や省庁など国の研修、また自治体の研修にも、幾度も、あるいは連続して講師によばれ、日本の官治・集権行政の現実を批判するとともに、これを自治・分権政治に変えるため、二〇〇〇年代の今日では常識となった「情報公開・市民参加」という《市民手続》の構築をきびしく訴えた。この基幹論点を私は当時まとめて理論設定しえていたからである。もちろん、今日の二〇一〇年代の官僚たちも、心底ではいまだにその明治国家体質は実質変わらず、官僚行政中核の《官僚内閣制》は今日も続く（当時の全体としてのエリート官僚にみられた傲慢な実態については、拙著『成熟と洗練・日本再構築ノート』公人の友社、二〇一二年、一〇〇頁以降参照）。

　そのころ、自治体改革ではおおきな仕事がのこっていた。全国規模の「自治体学会」の結成、さらには大学カリキュラムに新時代の《自治体改革》関連講座の新設である。この自治体学会創立の提案は、「学者」知事の長洲一二神奈川県知事もはやくからおこなっていた。だが私は、現場を職場とする自治体職員が自治体独自の政策・制度づくりができるようになるまで、一〇年まちましょうといって、有名人や学者中心の学会づくりをやめにした。

　森啓（神奈川県自治総研研究部長、のち北大教授）、鳴海正泰（横浜市企画調整局専任主幹、のち関東学院大学教授）、それに私がこの自治体学会を準備し、一九八七年、田村明（元横浜市企画調整局長、法大教授）、西尾勝（元武蔵野市第二期長期計画策定委員長、東大教授）、塩見譲（元日本経済新聞公害担当論説委員、和歌山大学教授）を代表委員として、「自治体学会」は出発している。その後、自治体学会所属の長、職員のなかから大学の教授・講師が輩出し、自治体を独自課題をもつ〈政府〉と位置づけて制度画期となった《二〇〇〇年分権改革》に、対応できたのであった。

　なお、大学教授もひろく「現場経験」をもつ市民型の専門学識者であるべきだと考え、私は法政大学の政治学科で、いちはやく自治体改革系の新講座を複数設置するとともに、人事方式についても改革をはじめた。二〇一〇年代では、いわゆる官僚天下りによる逆用もあるが、このような大学人事方式は各大学における今日の大学改革の常識となっている。ただ、各大学の法律学科にみられる、「講壇法学」と私が呼ぶ憲法学・行政法学の理論硬直・時代錯誤は、いわば旧来の師弟型人事志向からきていることを特記しておきたい。

一九七三年、私は「市民参加と法学的思考」（『世界』七月号）で、日本の憲法学・行政法学は戦後の『日本国憲法』についても、明治憲法と同型の《国家統治》理論にとどまっていると全面批判した（拙著『市民自治の憲法理論』岩波新書、一九七五年、また『国会内閣制の基礎理論』岩波書店、二〇〇九年参照）。この《国家統治》（国家法人説）型から《市民自治》（政府信託説）型への憲法学・行政法学の全面転換という問題提起は、当時「松下ショック」といわれるほど、日本の法学に衝撃力となった。

だが、内閣法制局の官僚法学とむすびついている講壇法学は、明治国家以来今日もつづく〈官僚内閣制〉の弁証にとどまり、国会の「最高機関」という位置づけ（『憲法』四一条）を空文化して、憲法のほぼ全教科書がこの「最高機関」とは「政治的美称」にすぎないとのべ、「最高機関」の国会を行政中核の戦前型「三権分立」のなかにとどめおく始末である。私のいう、『日本国憲法』にふさわしい《国会内閣制》への始動は、戦後政治における長期の《官僚内閣制》型「自民党ボケ」とあいまって、学者・評論家・政治部記者のみならず、当事者である国会議員自体の問ですらもいまだ始まっていない。

以上の社会・政治・行政理論再構築という私の課題の背景には、日本の《都市型社会》への移行、これにともなう〈現代都市問題〉の激発からくる当時の言葉での「市民運動」、今日ではその後私がおきなおしたのだが《市民活動》の新しい出発があった。

そのころ、ある夜突然、岩波書店編集者で旧知の大塚信一さんが私宅にこられ、市民活動を起点に、〈現代都市政策〉を岩波新書にまとめる話になった。これが一九七一年刊行の『都市政策を考える』である。手もとの本でみると、八四年に一一刷となっている。当時、地域・都市づくりは《市民》の課題であり、しかも「情報公開・市民参加」の《市民手続》が不可欠だとは、都市計画家・建築家、それに市民自体、また官僚のほとんどが考えていない時代だった。

ひきつづき一九七二年、市民活動に起点をおく岩波講座『現代都市政策』（全一二巻）の編集に伊東光晴、篠原一、松下圭一、宮本憲一の文科系四名でとりくみ、私が全体の総論を書いた。日本の地域づくり・都市政策、また（1）市民活動、（2）自治体改革、（3）国の政策・制度再編をめぐる、当時の他の講座、叢書などの編集とあいまって、建築・都市についての従来のせまい理科系専門発想を、ひろく市民による《地域づくり・自治体改革》へと解放する、新しい思想・理論活動の考え方をきりひらいていった。

そこでの私の発想基軸は、市民の普遍基本権から出発する《シビル・ミニマム（市民福祉＝社会保障〔福祉・医療〕・社会資本〔住宅・施設〕・社会保健〔事故・公害〕の総合）の思想》による、憲法二五条（生活権）の新定位であった。《現代》の「都市型社会」における《市民》という新「人間型」をめぐって、数千年来の「農村型社会」のムラ規制にかわる〈思考方法〉〈政策・制度〉〈市民文化〉の新構想、さらに〈自治体計画・基準・条例〉の新展開を課題としていた。

経済高成長にともなう一九六〇年代以降における日本の《都市型社会》への移行は、以上のように、市民が起点となる社会・政治・行政の《現代》型再編をめざした、思想・理論、政策・制度の新構築を不可欠としていたのである。しかも、この新構築にはみずからを「統治機構」とよんで官僚行政の低水準をみずからしめしていた。

ここから官僚行政の《市民化》ないし〈行政の文化化〉つまり日本の生活文化、社会・政治・行政、また思想全体について、〈ムラ＋官僚〉という伝統型をこえる〈市民型〉への、《文化水準》の転換・上昇という要請とむすびついていく（拙編『都市文化をデザインする』有斐閣・一九八四年、拙著『市民文化は可能か』岩波書店、一九八五年）。

学会活動では、戦後アメリカで流行した役立たずの「政治科学」（ポリティカル・サイエンス）とは異なり、私自身は日本の政治思考・理論の自治・分権型再編成、つまり市民型の《成熟と洗練》を目指していた。日本政治学会会長への就任も、私なりにその一環である。くわえて、かつて『展望』一九六五年七月号で、当時の日本における、経済学をふくむ、ひろく社会理論全体の観念性・不毛性・翻訳性を批判したが、この批判は文部省の委託でOECDが日本の社会理論を調査・批判する一〇年前であった（前掲拙著『現代政治＊発想と回想』、一二八頁以降）。一九九六年、ようやく時代の要請となる条件がととのい、市民レベルからの〈政策・制度型思考〉の熟成をめざして、「日本公共政策学会」が発足し、私は初代会長となっている（公共政策ないし政策・制度型思考についての包括整理としては、拙著『政策型思考と政治』東京大学出版会、一九九一年参照）。

またこの二〇〇〇年代、日本の自治体、とくに市町村（県は戦前と同じく幹部に国の官僚出向も多く、いまだに実態は国の出店）では、自治体の〈憲法〉というべき、私の造語による《自治体基本条例》の制定段階にはいっている。自治体は長・議会の二元代表のため、また条例名も自由のため、数え方はむつかしく、約一七〇〇の自治体のうち概数ではあるが、すでに自治基本条例を三〇〇、議会基本条例を四〇〇の自治体が策定したといわれている。

《二〇〇〇年分権改革》で自治体が市民の《政府》になったのだから当然である。自治体立法＝条例の基点も、国法の立法とおなじく、《基本法》すなわち自治体憲法の策定にある。《自治体基本条例》が、これである。さらに、そこでは、各自治体はそれぞれ独自に、基本条例・総合計画、個別条例・個別施策が、たえず相互に循環するシクミをつくりだすべきであろう（神原勝『増補自治・議会基本条例論』公人の友社、二〇〇八年も参照）。

省庁が自治体について選択肢をだし、あるいは特区選択するのはいまだ官治型ではないか。全国画一の国法に自治体条例自体が独自政策を「上乗せ・横出し」するのが、最初からの基本である。またその罰則も罰金をはじめ懲役などにもおよび、日本でも国法にたいする〈自治体法〉の自立・成熟を、この点ではようやくみつつある。だが、これまで条例また計画の策定訓練をつみかさねてこなかった、自治に未熟・怠惰な市町村、くわえて国の出向官僚がおさえている多くの県は、今日もたとえば市民保護に不可欠の原発についての地域防災計画などの策定にも充分対応できていないという周知の事態を、きびしく批判しておきたい。基幹道路が一本しかない原発すらある。これらは、自治体は市民に無責任、国は見識ナシ、というべきである。

また、この二〇〇〇年代になっても、日本社会全体の「国家」型閉鎖性を反映して、日本の法学は国際法務へのとりくみにも決定的にたちおくれ、〈自治体法務・国際法務〉をふくめた急務の法学再編もすすまない。団体・企業、また市町村・県・省庁、くわうるに各弁護士会などには今日、自治体法務・国際法務を担当する「政策法務室」が必置である。しかし、これにともなう法曹要員の拡大を予測できず、近年の「司法試験」改革も失敗となった。

この二〇〇〇年代でも、自民党復活政権によるオールドライト系閉鎖型《国家》観念の残影は続いているが、この戦前系の「国家観念」は実質はすでに崩壊・解体し、今日では政府は自治体、国、国際機構に三分化し、国境を越える《市民観念》が地域・国・地球規模それぞれでの社会をつないでいる。

この転型期にある日本の緊張の中で、私は多様な論争をつづけながらも、多くの友人と歩んできた。最近も公人の友社から、古くからの友人二人の著作が刊行された。西尾孝司『三権分立論の虚妄性・国会は〈国権の最高機関〉である』、神谷秀之『震災復旧・復興と「国の壁」』がこれで、いずれも、今日もつづく、日本の官治・集権体質を批判している。

二〇一四年にはいって、大病をわずらう身となったが、医師、看護師さんらの誠意、医療の技術革新、あるいは地域連携・院内改革の加速もあり、私も元気をとりもどせそうである。くわえて、長年、地域の活力あふれる市民、また創意ある自治体職員、勇気ある政治家、言論人、出版人などの友人ともども、私は元気に生きてきたように思う。

一九七〇年代、厚生省官僚は私のシビル・ミニマム（生活権）論を、「バイブル」とさえよんだ。当時の日本には都市型社会、つまり〈現代〉の《市民福祉》をめぐる一般理論はいまだなく、階級闘争論を水増しした大河内一男の社会政策論があっただけだったからである。その後、高度成長にうかれて福祉、財政の政策・制度をめぐる厚生、財務官僚などの決定的な政策誤断、さらには自民党の長期にわたる政官業学複合によるバラマキ・ムダヅカイもつづいて、財政全体の破綻、つまり〈日本沈没〉が二〇〇〇年代では現実危機となるほど、日本は超絶した政府借金大国となった。

くわえて、日本の社会・政治・行政理論では、戦後の今日も憲法・行政法学者は戦前からの〈官僚法学・講壇法学〉から自立できず、政治学者もおおくは戦後の〈自民党史観〉にもとづく長期の「自民党ボケ」にとどまってきた。いわば、学者による「体制同調」だったのである。

このため、天皇制国体論による言論弾圧の戦前はもちろん戦後も、いわゆる「私小説」から私はヒントをえたのだが、私のいう《私文化》型の「文芸評論」が、〈政治批判〉についての代替役をになってきたことはよく知られている。私が若い日に目をとおしていた「思いつき」レベルの『近代文学』から、私とほぼ同世代の「心情性」の強い吉本隆明また大江健三郎まで、「文芸評論」が〈政治批判〉の代替になってきた。

井崎正敏は近著『〈戦争〉と〈国家〉の語り方・戦後思想はどこを間違えたのか』（言視社、二〇一三年）の「第七章　私たちの基本ルール・松下圭一の「憲法」」で、〔1〕「左右同根の国家観」、〔2〕「憲法・国家統治の基本法から市民自治の基本法へ」の二点に論点をしぼって、私と、吉本、大江との発想のちがいを対比している。吉本、大江のいずれも、《市民》型の《政策・制度》の改革提案ができない、《私文化》型なのである。

市民型提案といえば、個別・具体のミクロ面で、私はたとえば、自治体の行政職員が「主権者」市民を〈教育〉するという、ムダで倒錯した官治型の考え方を批判し、『社会教育の終焉』（筑摩書房、一九八六年、新版、公人の友社、二〇〇三年）を提起したが、今日では自由な市民サークルから市民塾、市民大学というかたちなどで、市民は行政から自立しつつある（ここでいう市民には農業市民、商工業市民などが当然ふくまれる）。

事実、公民館から行政職員をひきあげ、「市民管理・市民運営」の地域小型館に公民館を再編すれば、生活、文化、政治における市民の成熟度もたかまる。また行政職員一人あたりの年間人件費一千万円も節減できる。日本では主権者《市民》は、官僚立案の個別法制ではいまだに、明治国家型「臣民」の変形である「国家公民」、つまり〈時代錯誤〉の受益者扱いにすぎないのだ。

なお、ここで、私の受賞歴をあげておこう。

（1）一九七一年〈毎日出版文化賞〉『シビル・ミニマムの思想』東京大学出版会

（2）一九七二年〈吉野作造賞〉『市民参加』東洋経済新報社

（3）一九九一年〈東畑精一賞〉『政策型思考と政治』東京大学出版会

受賞作品はいずれも、戦前の「国家」型発想を打破した、《現代》の市民型発想への転換ないしその成熟への一歩一歩を示している。（1）はまず、都市型社会〈独自〉の「生活権」の設定による基本人権の理論再構成、（2）は市民の成熟と洗練をめぐる〈日常〉での「自立・自治・抵抗」、（3）は「国家統治」をのりこえる〈市民自治〉にむけて、市民個人における「政策・制度」型思考の熟成をめざしている。

私は前述した〈国家対私文化〉という、明治以降つづく日本《近代》の貧弱な「個人自由」でなく、《現代》型の《市民自治》ないし《市民政治》の成熟をめざす、思考変革の論理を提起できたと考えている。明治官僚国家の「絶対・無謬」を掲げた《国家》観念自体、〈都市型社会〉の成立とともに解体し、今日では、政治は前述のように〈市民活動〉を起点とする、自治体・国・国際機構三レベルの《政府》による、多元・重層の複合・調整になってきた。

二〇一四年、安倍内閣がかざす自衛隊再編は、ツジツマ合わせの憲法論議のなかで、自衛隊個人の服務内容を変える。まず、戦後の自衛隊員の服務は、〈国家〉観念への忠誠をしめす戦前・戦中の「兵役の義務」ではない。今日では、個々人の考え方・思想をふくめた職業選択、つまり個人の「契約」によるのであるから、法改正による自衛隊員個人の〈再服務〉には、自衛隊再編からくる新契約をふまえた《再宣誓》が必要となる。

《再宣誓》なき、ナシクズシの自衛隊再編はできない。隊員の旧新組織自動移行は、法制上、また実際としても、できないのである。ところが、日本の今日の政治家、官僚、理論家、また記者といった、いわば「政官業学複合＋マスコミ」、くわえてその反対派すらもふくめて全体としてここに気づかないフリをしている。これでは、国際基準も無視していた、独善の、日本における原発「安全」神話の偽造・同調メカニズムと同型ではないか。

『自衛隊法』五三条では、「隊員は防衛省令で定めるところにより、服務の宣誓をしなければならない」とさだめている。だが、この宣誓文は、国家公務員法では内閣の「政令」、自衛隊法ではここにあげた防衛省の「省令」でさだめるというかたちで、官僚法学によるいずれも官僚内閣制型だが、ひろく国家公務員、自衛隊員の宣誓文は、それこそ「国権の最高機関」である《国会》が「国法」として策定するという《国会内閣制》型にすべきではないか。自衛隊は、内閣・省庁の「私兵」ではないはずである。今後、国法の新立法・改正をめぐる国会論議の水準、ついで国会の見識があらためて問われていく。

　また、憲法運用変更というべき今回の自衛隊再編による「戦死」をめぐっても、「市民権」をもつ自衛隊員個人の当事者・家族をふくめ、主権者たる日本の各個人の市民責任・さらに自衛隊の組織・指揮についての政府責任を、それぞれあらためて考えたい。当然、「靖国」問題での新論点も生起する（さらに、《市民保護》をめぐる拙著『都市型社会と防衛論争』公人の友社、二〇〇二年も参照。日本の原発では3・11以降の今日も「市民保護」について国際基準違反なのだが、この拙著では、軍事思考における戦前・戦後それぞれの「市民保護」発想の《欠落・欠陥》をのべている）。

　最後になったが、私の社会・政治・行政理論の〈方法論〉は、最初の『市民政治理論の形成』、また『現代政治の条件』以来きずきあげてきた《歴史・構造》方法である。つまり、歴史の変化のなかに現実の構造変化をみ、また現実の構造変化をおしすすめて歴史の変化をつくりだす、という考え方を私はとっている。それゆえ、私の理論の立ち位置は、市民起点の〈自治体改革〉からはじまる《市民型構造改革》である。

　二〇世紀後半以降、従来型の自然科学を模型とした組織と研究費が不可欠の「実証・量化」方法中心では役立たず、社会・政治・行政理論は〈普遍市民政治原理〉にもとづく「価値合意」をたえずもとめ、しかも芸術家と同型の「構想力」の訓練を基本におく、《歴史・構造》方法による〈作品〉の制作が不可欠であると、私はたえず考えてきた。事実、私も若い日につかっていた「社会科学」と、ついでその〈客観性〉という言葉も、今では日本でつかわなくなっている。

たしかに、社会・政治・行政についての考え方また理論は、たんなる実証にとどまらず、《予測と調整》をめぐる個人の構想を中核にもつ。私の前述二冊の回顧録、また最近の拙著『転換期日本の政治と文化』(岩波書店、二〇〇五年)、『二〇〇〇年分権改革と自治体危機』(公人の友社、二〇一三年)に、その思考方法をみていただきたい。

ひろく、社会・政治・行政についての私たち市民の考え方は、先に公民館問題にみたように、日々、実際の〈現場〉でのミクロな個別・具体の「問題解決」、つまり柔らかいプラグマチズムをふまえたうえで、「法務・財務」の実務手法をもふくむ、〈市民良識〉から出発していく。とくに、最近、二世、三世がふえて幼稚化しがちな政治家、官僚、経営者、また同調する学者、記者といった「政官業学＋マスコミ」には、あらためて、経験に深くささえられた〈市民良識〉を対抗させたい。

だが、二〇〇〇年代の日本の今日、マクロには、［1］戦後自民党長期政権の中枢であり、①全国画一、②省庁縦割、③時代錯誤という問題性をもつ〈官僚内閣制〉の破綻、くわえて［2］〈自民党〉復活政権のバラマキ政治もめだち、「財政支出」と「財務経営」の区別もないため、スクラップ・スクラップ・スクラップ・アンド・大型ビルドができず、すでにかえせない規模となった、国際社会で超絶する日本の政府借金の加速、さらには［3］高齢化・人口減・東京集中・税金増・貧困増、また［4］空屋・空室から社会基盤まで戦後の社会ストックの総崩壊、これに［5］巨大自然災害、また想像をこえる巨額と時間のかかる原発・核の処理も加わる。

くりかえすが、明治以来、〈官僚統治〉を原型に、政治とは「国法の執行」と訓練されてきたため、市民をはじめ、政治家、ついで官僚・行政職員をふくめ、法務・財務の抜本大改革・また未来にむけての予測・企画という、マクロの問題解決能力の欠如もいちじるしい。

以上のような明治以来の官治・集権の持続・停滞といった〈歴史・構造〉問題をめぐって、私たちは《日本沈没》を予感しつつ、市民個人それぞれがみずからあらたな未来を摸索していくことになる。たえざる不確定性のなかで私たち市民が未来を構築するには、以上のマクロ・ミクロでの《歴史・構造》が提起する課題をふまえざるをえないことを、誰もが認めるであろう。

これまでほとんど語らなかったのだが、八五歳という高齢となって、理論と相関する「実務」レベルでの「私の仕事」についてのべる機会をいただいたことに感謝したい。

私の仕事

松下圭一＊私の仕事—著述目録

2015年8月29日　初版発行

著　者　　松下　圭一
装　画　　松下　黄沙

発行人　　武内　英晴
発行所　　公人の友社
〒112-0002　東京都文京区小石川5-26-8
ＴＥＬ０３－３８１１－５７０１
ＦＡＸ０３－３８１１－５７９５
Ｅメール　info@koujinnotomo.com
http://koujinnotomo.com/
装　丁　　上村　千寿子
印刷所　　倉敷印刷株式会社

ISBN978-4-87555-671-8

松下圭一著述目録

〔凡例〕

①「著書」「編著」は刊行月、「雑誌」は刊行号、「週刊誌」「新聞」は刊行月日でしめしている。ただし新聞については朝刊・夕刊の区別は略した。なお、「書評」はすべてはぶいている。

②書名また媒体名は『　』、論文名などは「　」でしめした。

③「**著書**」「**編著**」は太文字とし、著書は刊行順にたとえば[1][2][3]…と頭に付している。収録論文も→印によって検索できるようにしたが、論文名と収録書の章名が異なるときがある。また、「**共編**」も太文字とした。「編著」のうち対談集については検索のため[1984-X]をつけた。

④共編ないし討議（座談会など）・対談には、〔＋人名〕というかたちで、名前をあげさせていただいた。敬称を略している。

⑤〔再録〕には初出年を（19・・）と表示し、検索できるようにした。

⑥一定期間連続した新聞コラム担当、新聞書評委員としての執筆は個別に詳記せず、年度末に＊で注記した。刊行月日不明も各年度末に＊であげた。

⑦私の不注意のため脱落、また刊行月日不明があることについては、今日ではもう調べることもできないので、海容をお願いしたい。

1949

1　「習慣について」第四高等学校（旧制）文芸部『北辰』

1952

10　「ロックにおける近代政治思想の成立とその展開（1）」『法学志林』

12　「ロックにおける近代政治思想の成立とその展開（2）」『法学志林』

1954

5　『政治学事典』〔中村哲、辻清明、丸山眞男編集〕平凡社・編集事務担当

＊　「名誉革命のイデオロギー構造とロック」『一橋論叢』32 巻 5 号（ロック没後 250 年記念号）

1956

3　「集団観念の形成と市民政治理論の構造転換（1）」『法学志林』

11　「大衆国家の成立とその問題性」『思想』　→[2][17]

12　「国家的利益と階級・集団」『講座 現代思想 3』岩波書店　→[2]

1957

3　「マルクス主義理論の 20 世紀的転換」『中央公論』　→[2]

3　「巨大社会における集団理論」『日本政治学会年報 1957』岩波書店　→[2]

5.22　対談「マルクス主義は変るか―大衆社会論をめぐって」〔＋上田耕一郎〕『東京大学新聞』

5　「史的唯物論と大衆社会」『思想』　→[2]

6　「民主主義の歴史的形成」『講座 現代思想 6』岩波書店　→[2]

8　「日本における大衆社会論の意義」『中央公論』　→[2]

10.2　「新聞の大衆性と現代」『朝日新聞』　→[2]

11　「集団観念の形成と市民政治理論の構造転換（2）」『法学志林』

12　「現代政治における自由の条件」（1957 年日本政治学会報告）『理想』（特集・大衆社会の諸問題）　→[2]

＊　「構想力と理論」『講座 社会学 7』月報、東京大学出版会　→[2]

1958

2　「社会民主主義の危機」『中央公論』　→[2]

5.7　「造語病患者頑張る」（学会カルテ）『東京大学新聞』

8.19　討議「地方社会と文化」〔＋坪川健一、杉原丈夫〕『福井新聞』

11　討議「現代社会と技術革新」〔＋星野芳郎、長洲一二〕『東京大学新聞』

11　「忘れられた抵抗権」『中央公論』　→[2]

1959

1.30	「日本文化論の視点」『朝日新聞』	→[2]
3.9	「抵抗者の忘れもの」『読書新聞』	
4	「大衆天皇制論」『中央公論』	→[15][17]
6	[1]『**市民政治理論の形成**』岩波書店	
6	「日本の政治的底流」（共同調査）『中央公論』	
6.8	「選挙はもうミズモノではない」『朝日新聞』	
7	「戦後世代の生活と思想」『思想』	→[6]
8	「続大衆天皇制論」『中央公論』	→[15][17]
9	[2]『**現代政治の条件**』中央公論社	
10.4	対談「日本社会党の命運」〔＋田口富久治〕『朝日ジャーナル』	
12	「戦後農村の変容と政治」『農業協同組合』	→[3][27]
12	「社会民主主義の二つの魂」『中央公論』	→[3]
＊	「憂楽帳」（時事コラム）『毎日新聞』（10 月〜）	

1960

1.2	「中間層の生活構造」〔＋美濃部亮吉〕『朝日ジャーナル』	→[3]
1.18	「性革命」『日本読書新聞』	→[3]
2.8	「大衆娯楽と政治」『朝日新聞』	→[3]
2.15	「婦人雑誌の表情」『週刊読書人』	→[3]
4	「戦後世代論の座標軸」『AAA』有斐閣	→[3]
5	「大衆娯楽と戦後の思想状況」『思想』	→[4]
5	「労働組合の日本型政治活動」『日本政治学会年報 1960』（1959 年報告）岩波書店	→[15]
5.2	「新憲法の感覚」『朝日新聞』	→[3]
5.2	「悪政に対する批判と抵抗は国民の義務」『朝日新聞』	
5.16	「地域共闘組織の意義と課題」『週刊読書人』	
5.29	「保守・革新—組織の対決」『朝日ジャーナル』	→[3][27]
7	対談「東京のムラ」〔＋宮本常一〕『民話』	
7	「安保国民運動の提起する課題」『労働と経済』内外労働経済研究協会	
7	討議「抵抗と創造の論理」〔＋鶴見和子、橋川文三〕『法政』	
8	「国民運動の課題と革新組織」『月刊労働問題』日本評論社	
8	「国民運動をどう発展させるか」『中央公論』	
9	「社会科学の今日的状況—大衆社会論の今日的意義」『思想』	→[2-増補版][17]
10	『**大都市における地域政治の構造**』（杉並区調査）〔＋小森武、阿利莫二、高木鉦作、鳴海正泰分担執筆〕都政調査会	
10.17	「末端活動家にこたえる総括を」『週刊読書人』	
11.14	「東京のムラの壁」『読書新聞』	

12.4　「〈安保〉直後の政治状況」『朝日ジャーナル』 →3 27
＊　「憂楽帳」（時事コラム）『毎日新聞』

1961

1　『地域に民主主義を』国民文化会議 1960 年度全国集会資料
2　「自治体改革と自治労」『月刊自治研』
3　討議「国民運動における教研と教師」〔＋稲葉三千男、久保田正文、日高六郎〕『教育評論』
3　討議「構造改革論批判への反批判」〔＋石堂清倫、今井則義、佐藤昇、浜川浩、一柳茂治〕『経済評論』
3　討議「自治体改革と構造改革」〔＋鳴海正泰、加藤宣幸〕『月刊労働問題』
3　「構造改革と自治体」『月刊自治研』
3　「革新政治指導の課題」『中央公論』
3　〔再録〕「革新政治指導の課題」（同上）、日本社会党中央党学校監修『構造改革の理論』新時代社
3.13　「地域民主主義の掘り起し」『週刊読書人』
4　討議「ナショナリズムの問題」〔＋中村雄二郎、佐伯彰一、小川徹、村松剛〕『批評』春季号
4　「現代日本政治構造の底辺と末端組織」『国民政治研究会・資料 37』
4.30　「レジャー・ブームの実在と不在」『朝日ジャーナル』 →3
5　「地域民主主義の課題と展望」『思想』 →3
5　「現代社会におけるマス・コミ」『講座 現代マス・コミュニケイションⅠ』河出書房 →15
5.20　「新安保一周年の反省」共同通信配信
6　「労働組合と革新勢力の新しい関係」〔＋加藤万吉、増島宏〕『経済評論』増刊・日本の革新政党
6　「不敬罪復活反対運動への視点」『国民文化』
7　討議司会「池田政治をどう評価するか」〔＋長洲一二、升味準之輔、和田正光、内田健三〕『現代の眼』
7　「地域民主主義と革新運動」『農村文化』
7.5　「ムラ状況の現実的把握を・地域民主主義と帰郷運動」『法政大学新聞』
10　**『地域活動の手引』**都政調査会編（共著）
11　「総選挙とその指標」『平和と民主主義』護憲連合
11　「戦後日本社会の変容」『中央公論』 →4
11.25　「溢れる幸福ムード・婦人雑誌」『読書新聞』
12.24　「社会党―交錯する二つの底流」『朝日ジャーナル』 →3 27
＊　討議「自由主義と社会主義・19 世紀ヨーロッパの社会と思想」〔＋岩間徹、木村健康、古在由重、村瀬興雄〕『世界の歴史 14』筑摩書房

1962

2.6　討議「社会党はどこへゆく」〔＋向坂逸郎、成田知巳、穂積七郎〕『エコノミスト』

3　討議「現代政治学の状況と課題」〔＋中村哲、阿利莫二、藤田省三〕『法学志林』

4.9　討議「戦後天皇制の基盤」〔＋遠山茂樹、神島二郎〕『週刊読書人』

4.10　「婦人論の盲点と焦点」『朝日ジャーナル』　→4

5　「憲法擁護運動の理論と課題」『思想』　→3

5.1　「エチケットとエケチット」『毎日新聞』

5.4　「憲法をわがものにした婦人」『朝日新聞』

5.14　「都市の日本人（工業化・都市化の視点）」『読書新聞』

6　3**『現代日本の政治的構成』**東京大学出版会

7.5　「憲法を支える精神・抵抗権」『東京大学新聞』特集・憲法の記録

7.7　「硬直する政治地図・日本型選挙の背景」『毎日新聞』

9　「地域民主主義をどのように育てるか」『枚方民主運動史・あしあと』

11　討議「革新市政の意義と課題」〔＋阪上安太郎、小森武〕日本社会党組織局地方政治部『革新市政』

12　対談「日本社会党の思想状況」〔＋篠原一〕『中央公論』

12　「地域政治と地方議会」『都政』

*　「マスコミ民主主義の論理」『現代のイデオロギー 5』三一書房　→3

*　**『国民政治年鑑** 1962 年版』（資料集）〔国民政治年鑑編集委員会編〕（創刊の編集実務担当）日本社会党機関紙局

1963

1　「革新運動における地域の問題性」『月刊労働問題』　→4

1　「現代政治の分析方法」日本社会党社会主義理論委員会『理論月報』

1.5　「都市と村の未来像」『毎日新聞』

2.2　討議「百万都市」〔＋梅棹忠夫、川添登〕共同通信配信

2.11　対談「現代広告論」〔＋高木教典〕『週刊読書人』

3.11　「知識人の社会参加」『読書新聞』

4.1　「自治体選挙の思想的意義」『週刊読書人』

4.6　「地方自治の焦点と盲点」『毎日新聞』

4.14　「都市計画の未来像を語る」〔＋鳴海正泰、川添登、犬養道子〕『社会新報』

4.14　「選挙運動に最後の追い込みを」『婦人民主新聞』

5　「自治体選挙をふりかえって」『ひろば』銀行労働研究会

5.5　「国民不在の選挙制度」『朝日ジャーナル』　→4 27

5.8･9　「現代のサラリーマン」『朝日新聞』

5.10　「首都づくりを考える・新しい東京の会」『アサヒグラフ』

5.27　討議「大衆文化論のすすめ方」〔＋大岡昇平、針生一郎〕『週刊読書人』

6　「革新選挙指導の現状と課題」『都政』

7　「政治学における 20 世紀的視点」『月刊社会党』（社会主義理論委員会報告）

8.6　「池田内閣とニュー・ライト」『エコノミスト』　→4 17 27

9　〔再録〕「社会科学の今日的状況」（1960）『現代のエスプリ』（日本の近代化）至文堂

10　「Woman at Work（Changing Japan）」『Japan Quarterly』

11　「マス・カルチャーとしての広告」〔＋いずみたく、今井茂雄、柳田修治郎、石川弘義〕文化放送編『ラジオ・コマーシャル』

11　「戦後日本の政治特質と農業」『農業協同組合』

11.5　「革新市政の当面する課題」『エコノミスト』　→4

討議「革新市政をどう育てる」〔＋島野武、飛鳥田一雄、中島馨、吉田法晴〕（同上誌）

12　討議司会「「家庭論争」の総決算」〔＋会田雄次、大熊信行、奥野健男、平林たい子、福田恆存〕『婦人公論』

12　「労組政治活動の理論的問題」『季刊労働法』（50 号記念号）　→4 27

12　「総選挙における革新勢力」『月刊労働問題』

12　「地域ヨコ割の強化を」『総評主婦の会』

12.24　討議「ことしの思想的風土」〔＋長洲一二、日高六郎、山本進〕『エコノミスト』

*　「マイホーム主義の脱却」『婦人公論』

*　〔再録〕「性革命」（1960）大河内一男編『社会科学新事典』河出書房

1964

1　「保守・革新の政治体質」『世界』　→4

1.20　「保守内「革新」（ニュー・ライト）の新路線」『週刊読書人』

2　「日本昆虫記と日本政治」『映画芸術』

2　討議司会「憲法改正論議をどうみるか」〔＋江田三郎、中曽根康弘、佐藤功〕『婦人公論』

3　「母親運動 10 年のあしあとをふりかえって」〔＋帯刀貞代、松井恒子〕『月刊総評』婦人問題特集

3　「産業化の進展に伴う家庭の役割」〔＋磯野富士子、松原治郎、高橋展子〕労働省『婦人と年少者』

4.7・8　「工業化と婦人」『朝日新聞』　→4

5　討議司会「ILO 条約と日本の労働条件」〔＋大橋武夫、岩井章、野村平爾〕『婦人公論』

5.3　対談「資本主義の新時代をめぐって」〔＋長洲一二〕『社会新報』
5.25　「改憲阻止から憲法の完全実施へ」『法政大学新聞』
6　「民主主義の現代的状況と課題」『講座 現代 12』岩波書店　→4
6　討議司会「地方新聞に生きる」〔＋尾関史郎、碓井巧、相木睦雄、久野啓介〕日本新聞協会『新聞研究』
7　「共稼論の今日的問題点」『婦人公論・暮しの設計』　→4
7.19　「大学の庭・弘前大学」『朝日ジャーナル』
8　討議司会「総裁公選が意味するもの」〔＋美濃部亮吉、唐島基智三、宮崎吉政〕『婦人公論』
9　「新池田内閣とニューライト」『思想』（時評）
9　「赤い殺意―果して基層文化の変化は成し得たか」『映画芸術』
9　「1970 年への政治展望」『思想』　→4
9　「革新市長の夢と現実」『太陽』
10　「巨大都市問題と自治体改革」『経済セミナー』　→4
11　討議司会「原子力潜水艦の寄港をめぐって」〔＋赤沢正道、岡田宗司、海原治、服部学〕『婦人公論』
11.1　「〈近代化〉とイギリス労働党」『朝日ジャーナル』　→6
＊　『**国民自治年鑑** 1964 年版』（資料集）〔国民自治年鑑編集委員会編〕（創刊の編集実務担当）日本社会党機関紙局
＊　「運動と知識人」木下順二・野間宏・日高六郎編『知識人の思想と行動』葦書房
＊　「政治学」『社会科学のすすめ』合同新書

1965

4　[4]『**戦後民主主義の展望**』日本評論社
4　「革新における構想力」〔＋遠藤湘吉、飛鳥田一雄、原彪、松本七郎〕『展望』
4　「日本の政治矛盾と政治記者」日本新聞協会『新聞研究』
6　「都議選へのアンケート」『都政』
6　「マンモス都政の解剖」『婦人公論』〔今月の社会診断〕
6.20　「佐藤新路線の背景と方向」『朝日ジャーナル』　→6 27
7　「知的生産性の現代的課題」『展望』　→6
7　「都議会汚職と革新勢力」〔＋太田薫、高橋正雄、柴田徳衛〕『月刊労働問題』
7　討議「都議選に誰を選ぶか」〔＋赤木須留喜、小森武、志賀寛子、針生一郎〕『都政』
7.25　「都議選の自民惨敗」共同通信配信
8　「佐藤内閣は何をするか」〔＋成田知巳、渋谷邦彦、柴田敏夫、内田健三、武山泰雄〕『婦人公論』〔今月の社会診断〕
8　『資料・戦後二〇年史　Ⅰ　政治』辻清明編（渡辺保男とともに編集実務

担当）日本評論社

9　「都議会の新政治分野のこれから」『婦人公論』〔今月の社会診断〕

11　「明日の婦人問題を探る」〔＋田中寿美子、高橋典子、神田道子〕『婦人公論』〔今月の社会診断〕

12.12　「今日の革新行動とはなにか」『朝日ジャーナル』

＊　「自治体における革新政治指導」飛鳥田一雄編『自治体改革の理論的展望』日本評論社　→6

1966

1.25　「選択せまられる社会党」『エコノミスト』

1　「都政刷新運動の過程で」『都政』

2　対談「行政学の理論と課題」〔＋渡辺保男〕『法学セミナー』

2　討議司会「明日の争点は何か」〔＋飛鳥田一雄、宮沢喜一〕『展望』

2　「農村と政治」『成長の中のひずみ』（農業問題研究会議第 1 回大会報告）御茶の水書房

3　討議「今日における婦人の役わり」〔＋伊藤昇、曽野綾子〕労働省『婦人と年少者』

4　討議司会「社会党政権の前進」〔＋江田三郎、飛鳥田一雄〕『現代の眼』

6　「市民的人間型の現代的可能性」『思想』　→2- 増補版 17

6　「自治体改革の意義」『社会主義運動』

9　「革新市長下における市民生活と都市づくり」（第 8 回国民文化会議全国集会［第 3 分科会］資料）『国民文化』

10.30　「日共の自主路線と工業社会の革命」『朝日ジャーナル』　→6 27

11　「市民運動この一年」都政をよくする婦人団体連絡会『リコール運動この一年の歩み』

11.14　「知識人論の再構成」『週刊読書人』

11.17　「ビジョンと腐敗の谷間」『朝日新聞』

12　「自由の現代的条件」法政大学政治思想研究会『政治思想』創刊号

1967

3　「現代政治における政策・計画」『法学志林』　→6

4　「構造変動と戦後民主主義」『世界』　→6 27

4　討議「さあ都知事選」〔＋阿利莫二、赤木須留喜、高木鉦作〕『都政』

4　「地方選挙における保守と革新」『月刊労働問題』

4　対談「職業と社会参加」〔＋高橋徹〕『中央公論』

4.9　「女の位置・家庭か職業かの誤謬」『朝日ジャーナル』

4.18　討議「都市の保守と革新」〔＋磯村英一、安井謙、太田薫〕『朝日新聞』

4.19　「地方選にみる自治意識」共同通信配信

4.21　「自治体の思想成熟へ・美濃部知事の誕生に思う」『毎日新聞』
5　討議「現代都市を考える」〔＋扇谷正造、高山英華、鳴海正泰〕『展望』
6　討議「革新と地方自治」〔＋篠原一、貴島正道、高沢寅男、鳴海正泰〕『世界』
6　討議司会「大東京経営論」〔＋石原舜介、角本良平、坂本二郎〕『別冊中央公論・経営問題』夏季号
6　「革新都政の思想と問題点」『国民文化』
6.6　「創意ある都政の実現を」『週刊とちょう』
8　討議「一千万都市における対話」〔＋鳴海正泰、貴田憲一、藤竹暁〕『都政』
11　「都市科学の可能性と方法」『世界』　→6
11　「古典と政治学」法政大学政治思想研究会『政治思想』
「Strukturwandel und Nachkriegsdemokratie」『Kagami』 Vol.5, No.1
＊　「標的」（時事コラム）筆名（ネガ）『朝日新聞』

1968

3　5『**現代政治学**』、東京大学出版会
3　「新しい都市科学形成のために」〔＋川上秀光、香山健一〕『経済セミナー』
4　「現代政治と直接民主主義」（横浜一万人集会の成果をふまえて）〔＋飛鳥田一雄、日高六郎、長洲一二〕『現代の理論』
4　「大都市行政と市民」『けんしゅう』京都市行政研修所
5　「明治百年をめぐるイデオロギー状況」〔＋北川隆吉、田口富久治、中村政則、犬丸義一〕『明治百年問題』青木書店
6　対談「市民社会の原理とは何か」〔＋大槻春彦〕中央公論社『世界の名著27（ロック・ヒューム）』付録、中央公論社
6.9　「戦後民主主義の危機と転機」『朝日ジャーナル』　→2-増補版
7　「社会主義国家における民主主義の再生」（チェコスロバキヤ共産党の行動綱領を読んで）〔＋佐藤経明〕『中央公論』
7　討議司会「京都市のまちづくり構想をめぐって」〔＋小倉襄二、庄司光、西山卯三、宮本憲一〕『けんしゅう』京都市行政研修所
9.21・27,10.3　「これがアメリカだ」『読売新聞』　→6
11.21　「社会主義と都市改革」『朝日新聞』
12　「思考とモデル」法政大学政治思想研究会『政治思想』
12.4　「都の中期計画を読んで」『東京新聞』

1969

1　「都市と現代社会主義」『現代社会主義』　→6
1.6　「地域開発と過疎対策」全国町村会『町村週報』
4　「革新都政この二年―提起された課題と展望」『都政人』（革新都政２周年特集号）

5.6.7.8　「読書ノート」『展望』
5　「都市問題に専門部を」朝日新聞東京本社編集局『えんぴつ』
6.8　「直接民主主義の論理と社会分権」『朝日ジャーナル』　→2-増補版 6
7　討議「60年代日本から70年代へ」〔＋高畠通敏、羽仁進、武藤一羊〕『展望』
7　討議「東京問題と市民運動の条件」〔＋榎並公雄、力石定一〕『都政』
8　討議「現代における労働運動の形態」〔＋倉野精三、中村秀一郎、石井平治、武部秋夫、上妻美章〕『全逓時報』
8　討議「革新戦線の断絶と統一」〔＋江田三郎、岩井章、吉川勇一、村上明夫〕『中央公論』
9　2-増補版 **『現代政治の条件』**中央公論社
9　「多党化拡大の都議選」『学習のひろば』
9　「大衆社会と管理社会」『現代の理論』
9　「現代市民運動の原理と展望」『現代社会主義』
9　〔再録〕「大衆国家の形成とその問題性」（1956）吉本隆明編『国家の思想』（戦後日本思想大系5）筑摩書房
10　対談「議会制民主主義はどこへいく」〔＋和田英夫〕『法律時報』
10　「都市創造の構想」『現代デザイン講座2』河出書房　→6
12　対談「民主主義と労働組合」〔＋武部秋夫〕『全逓時報』
12　「思想におけるエリート意識」法政大学政治思想研究会『政治思想』
12.1　「激動の時代を経験して—戦中・戦後」〔＋桜井恒次、長谷川泉、天野勝文〕『東京大学新聞』（創刊50年記念特集号）
＊　「視点」（時評コラム）『毎日新聞』

1970

1　討議「70年の婦人運動・婦人問題」〔＋中根千枝、もろさわようこ〕婦人有権者同盟『月刊婦人展望』
1　「ショッピング」『チャネラー』
1.3･5　「人間と思想」〔＋吉野源三郎、高畠通敏〕『中日新聞』
3　「公害と思想的人間型」法政大学政治思想研究会『政治思想』
3　対談「階級概念の現代的変容」〔＋河合秀和〕『月刊労働問題』
3　「情報社会と広報」第9回東京都広報研究会記録
4　「余暇と都市空間」横浜市企画調整室『調査季報』　→6
5　対談「政策科学の方向」〔＋正村公宏〕『経済評論』
5　討議「都市計画を点検する」〔＋井出嘉憲、伊東光晴、加藤晃、川上秀光、小林陽太郎、篠原一、高橋裕、中村隆英、宮本憲一〕『世界』
5　「シビル・ミニマムの思想」『展望』　→6
6　「余暇の今日的意義」横浜市企画調整室『調査季報』　→6
7　討議「情報化社会・管理社会とコンミューンの論理」〔＋北沢方邦、荒川

幾男〕『現代の理論』

7.11　「あなたは35才・第二の人生をどう生きる」『毎日新聞』

8　討議「革新市長70年代の実践」〔＋飛鳥田一雄、五十嵐広三、長谷川賀彦〕『別冊経済評論』(革新自治体特集)

8.2　「広汎な公害規制権限を」『毎日新聞』

8.16　対談「野党・再編成への直言」〔＋飛鳥田一雄〕『毎日新聞』

9　対談「自治体改革とは何か」〔＋鳴海正泰〕『現代社会主義』

9　討議「シビル・ミニマムの思想と市民・自治体の役割」〔＋広岡治哉、持田栄一、渡辺精一〕『都政』

9.20　「〈泰野ビジョン〉を読んで」(都知事選問題)『読売新聞』

10　『革新都市づくり綱領―シビル・ミニマム策定のために』全国革新市長会・地方自治センター編(参画)

10　「現代都市と市民」第18回西日本都市監査事務研修会会議録(高知県中村市　現・四万十市)

10　**『現代婦人問題入門』**〔編著〕日本評論社、編者論文「婦人問題の現代的構造」 →15

11　シンポジウム「自治体は何をすべきか―シビル・ミニマムをめぐって」〔＋井出嘉憲、和田八束〕日本地域開発センター『地域開発』

11　「公害問題で新聞に提言する」『新聞通信調査会報』

12　対談「政党政治と直接民主主義」〔＋久野収〕『現代労働問題』

＊　「現代都市行政と市民」京都市行政研修所『憲法と地方自治』

＊　「シビル・ミニマムとソーシャル・ワーカーの姿勢」東京ソーシャル・ワーカー協会報告書

＊　「標的」(雑誌紹介コラム)担当(半年)『朝日新聞』

1971

1　討議「自然・生産力・社会構造」〔＋正村公宏、森田桐郎〕『現代の理論』

1　討議「地方自治行政の可能性をさぐる」〔＋井出嘉憲、荻田保、柴田徳衛、浅田孝〕『行政管理』東京都

1　対談「住民が作る地方自治」〔＋渡久地政司〕『月刊市政研』豊田市政研究会

1.21　「現代民主主義の可能性」『信濃毎日新聞』

1.26　「市民・破られる政治の独占」『信濃毎日新聞』

2　〔再録〕「『にっぽん昆虫記』と日本政治」(1964)『現代日本映画論大系4・土着と近代の相克』冬樹社

2　「市民運動と行政への参画」東京都立川社会教育会館『かんぽう』

3　6 **『シビル・ミニマムの思想』**東京大学出版会〔毎日出版文化賞受賞〕

3　「選挙と市民訓練」婦人有権者同盟『月刊婦人展望』

3　「情報構造と市民運動」法政大学政治思想研究会『政治思想』

3.14　対談「東京をどうする・ビジョンの対決」〔＋内田元亨〕『朝日新聞』

3.23　「新権力論」『日本経済新聞』

4　対談「都市化状況にいかに対応するか」〔＋木谷忠〕日本新聞協会『新聞研究』

4.15　「大都市に新しい都市革命・統一地方選を展望して」『朝日新聞』

4.19　「分節民主主義の論理追求を」『朝日新聞』

4.28　対談「どう変わった都市と農村」〔＋福武直〕『朝日新聞』

5　対談「地方選挙の結果と革新の課題」〔＋篠原一〕『現代社会主義』

6　「政治とは何か」『別冊・経済評論』特集・脱政党時代の政治

6　[7]**『都市政策を考える』**（岩波新書）

6　「現代の都市政策と生協運動」『都市生活』

6　討議「この危機からの人間の復権」〔＋ホセ・デベラ、波多野誼夫、小松左京、ロバート・ハイアット〕問題提起・地域社会における生活基準の確立『第 27 回日本ユネスコ運動全国大会報告書』

8　「市民的徳性について」『図書』岩波書店

8　「政治とは何か」『別冊経済評論』秋季号

8.30　討議「日本の風景」〔＋菊竹清訓、中岡哲郎〕『新潟日報』

9.5　「対話からの街づくり」『大阪新報』

10　「市民自治による市民福祉」『社会福祉研究』　→[14]

10　討議「自治的地域空間の構造化をめぐって」〔＋田村明、大高正人、栄久庵憲司〕『SD』鹿島出版会

10　『武蔵野市基本構想・長期計画』〔（策定委員）＋遠藤湘吉、佐藤竺、田畑貞寿〕

11　「分節民主主義の形成」『マスコミ市民』

11　「下からのシビル・ミニマム計画」『都政人』

12　**『市民参加』**〔編著〕東洋経済新報社、編者論文「市民参加とその歴史的可能性」〔第 7 回吉野作造賞受賞〕　→[15]

12　「情報構造と市民運動」法政大学政治思想史研究会『政治思想』

1972

1　対談「市民運動の論理」〔＋飛鳥田一雄〕横浜市『勤労市民ニュース』

1　「自動車と土地と物価の関係」『婦人公論』〔井戸端会議〕〔以降、伊東光晴・なだいなだとの三名で連続担当〕

1.4　討議「都政の転換点について」〔＋浅田孝、正村公宏〕『週刊とちょう』

1.4　討議「住民自治と行政」〔＋松原治郎、長野士郎〕『山陽新聞』

2　「〈日本の体質〉を読んで」朝日新聞東京本社編集局『えんぴつ』

2　「授業料値上げと大学の価値」『婦人公論』〔井戸端会議〕

3　「公害をなぜ阻止できないか」『婦人公論』〔井戸端会議　ゲスト宇井純〕

3　〔再録〕「婦人問題の盲点と焦点」（1962）『現代のエスプリ』（婦人論）至文堂

3　「都市政策にシビル・ミニマムの公準を」『週刊東洋経済』増刊・激化する都市問題

討議「都市政策の基盤を求めて」〔＋中村貢、岡野行秀、坂下昇、川上秀光〕（同上誌）

4　「ゴミ戦争解決の具体案」『婦人公論』〔井戸端会議　ゲスト美濃部亮吉〕

4.2　「市民と都市政策」（京都府土曜講座）『夕刊京都』

4.14･15　対談「市民都市への挑戦」〔＋宮崎辰雄〕『神戸新聞』

6　「市民と都市政策」『技術と公害』

6　対談「都市環境をどうとらえるか」〔＋佐藤竺〕『現代法ジャーナル』

6　「沖縄の中の日本の問題」『婦人公論』〔井戸端会議　ゲスト中野好夫〕

6.27　「シビル・ミニマムと自治」『読売新聞』

7　「PTA は果して必要か」『婦人公論』〔井戸端会議　ゲスト西村文男〕

8　「ふえる余暇をどう生きるか」『婦人公論』〔井戸端会議〕

8　「市民参加とコミュニティ」第 12 回社会福祉夏季大学講義録

8　対談「新段階にきた革新自治体」〔＋鳴海正泰〕『月刊全電通』

8　対談「人間のための科学とはなにか」〔＋久野収〕法政大学『ウニヴェルシタス』（創刊号）

9　「田中内閣論」『中央公論』　→15

9　「あなたにとって家族とは」『婦人公論』〔井戸端会議　ゲスト田中寿美子〕

10　「いま私たちが食べられるもの」『婦人公論』〔井戸端会議　ゲスト高田ユリ〕

10　「巨大都市における自治と政治」『都政人』

10.10　対談「国土計画と市民自治」〔＋飛鳥田一雄〕『朝日ジャーナル』臨時増刊「日本列島改造論を裁く」

10.22･23　対談「福祉列島への改善」〔＋宮沢弘〕『信濃毎日新聞』

11　対談「ファッショ化の構造要因と共和・自治の観念」〔＋安東仁兵衛〕『現代の理論』

11　「日中国交回復のもたらすもの」『婦人公論』〔井戸端会議　ゲスト宇都宮徳馬〕

11 ～ 1973.10　『岩波講座 **現代都市政策**』全 12 巻・編集委員〔＋伊東光晴、篠原一、宮本憲一〕岩波書店

11　「都市をどうとらえるか」『講座 現代都市政策 I 』岩波書店　→15

11　吉野作造賞「受賞の言葉」『中央公論』

11　「市民運動と経済学」『現代経済 7』東洋経済新報社　→14

12　「市民的自由の成熟」〔1970 年代の課題・現代日本 100 人の意見〕『中央公論』（創刊 1000 号記念）

12　「主婦とは何であるのか」『婦人公論』〔井戸端会議　ゲスト一番ヶ瀬康子〕

12.12　「政党配置まだ流動的」『サンケイ』

12.20　対談「政党の対応は」〔＋野口雄一郎〕『朝日新聞』

＊　「都市づくりの新しいルール」〔＋久留宮歓人〕『30 億・JC LIFE』

＊　『読売新聞』書評委員

1973

1　討議「現代都市政策の可能性」〔＋伊東光晴、篠原一、宮本憲一〕『世界』

1　「自治体計画のつくり方」『講座 現代都市政策Ⅲ』岩波書店

1.1　「シビル・ミニマム」『信濃毎日新聞』

1.1　「住民が町をつくる」『熊本日日新聞』

1.3　「市民通じ国政も転換」『北国新聞』

1.17　「市民自治の確立へ」『読売新聞』

1.7･14　討議「地域再発見･新しい文化めざして」〔＋芳賀登、丸山健二、平野勝重〕『信濃毎日新聞』

2.21　「政治としての都市政策」『朝日新聞』

2　『1970 年代の政治と市民運動』尾崎行雄記念財団講演記録

2　「La classe ouvriére et la politique」『Esprit』（Des Japonais Parlent du Japon）

3　「シビル・ミニマムと都市政策」『講座 現代都市政策 V』岩波書店

5.28　討議「新局面迎えた自治体」〔＋西村夫佐子、葉山峻、近藤紀男〕『朝日新聞』

6　対談「コミュニティの論理」〔＋木原啓吉〕『青と緑』

7　「市民参加と法学的思考」『世界』　→8 17

7.20　「市民自治と政党」『朝日ジャーナル』

9　「巨大都市社会の市民回答・都議選」『学習のひろば』

9　討議「都市の緑化をいかに推進するか」〔＋川本昭雄、中村恒雄、田畑貞寿〕『ランド・スケープ』

11　「市民と法学的思考」『親和』 10 周年記念号

11　〔再録〕討議「地方政治いま・これから」〔＋近藤紀男、西村夫佐子、葉山峻〕（1973）朝日新聞内政部『地方政治・新時代』勁草書房

12　『武蔵野市第 1 次調整計画』策定委員〔＋遠藤湘吉、佐藤竺、田畑貞寿〕

12　討議「いま労働者は何を求めているか」〔＋石川晃弘、塩田庄兵衛、清水慎三、山本潔〕『季刊労働法』 73 号

＊　『朝日新聞』書評委員

1974

3　「憲法理論への市民的視角」『法律時報』　→8

3　『市民と市町村計画』東京都総務局三多摩島しょ対策室

12　「戦後憲法学の理論構成」東京大学社会科学研究所編『戦後改革 3』東京大学出版会　→8

1975

2　「花について」（ロンドン便り 1）平凡社『月刊百科』

3　「石について」（ロンドン便り 2）平凡社『月刊百科』

4　「人について」（ロンドン便り 3）平凡社『月刊百科』

4　〔再録〕「市民参加」（1971）『現代のエスプリ』特集・住民運動、至文堂

4.15　「知事選・私の分析」『朝日新聞』

6　「環境と市民参加」環境庁『生命ある地球』（第 3 回環境週間記念講演集）ぎょうせい

7　討議「革新自治体第二期の展望」〔＋伊東光晴、宮本憲一〕『世界』

9　「革新自治体と自治体革新」『地方自治通信』（全国革新市長会総会特集）

9　8**『市民自治の憲法理論』**（岩波新書）

10　対談「転機に立つ自治体と福祉」〔＋飛鳥田一雄〕『経済評論』

12　討議「日本の自然保護」〔＋森田宗一、野田正穂、松岡磐木、益田勝実〕『法政』

*　「Politics of Citizen Participation」『The Japan Interpreter』〈Spring〉

1976

1　「思想の言葉」『思想』

1　対談「市民自治の地平を拓く」〔＋久野収〕『市民』

1　対談「東京都はどこへゆく」〔＋阿利莫二〕『都政人』

2　「区における自治確立の条件」都政調査会『公選区長時代のはじまり』

4　討議「地方自治の現状を点検する」〔＋長野士郎、沖田哲也、加藤富子〕自治大学校『自治研修』

4.7　「国会の憲法責任」『読売新聞』

5　「自治体と農業」農業問題研究会議『農業問題』

5　対談「市民的共和の可能性」〔＋宮崎義一〕『展望』

5.6　「憲法を読み直す・地方自治」『朝日新聞』

5.20　都区政研究会『都政革新討議のための提言』〔＋篠原一、西尾勝、菅原良長、神原勝〕

6　討議「憲法と地方自治を考える」〔＋長洲一二、飛鳥田一雄、日下部喜代子〕横浜市『勤労市民ニュース』

6　「市民福祉の政策構想」『中央公論』　→15

6.3　「区市町村参加で都政の再編を」『週刊とちょう』

6.7　「自治体こそ農政の拠点」『日本農業新聞』

7　〔再録〕対談「人間のための科学とは何か」（1972）〔＋久野収〕高畠通敏

編『新社会科学入門』三一書房
7.7　「かけがえのない自治への提言」共同通信配信
7.29　「市民参加のまちづくり」『広報ながい』(山形県長井市)
8　対談「市民的自由と分権化」〔＋小宮隆太郎〕『中央公論』
11　「革新自治体の再生」『自治高槻』
12　「自治体と農業の可能性―国家統治型農政から市民自治型農政へ」『農業の再構成を考える』全国共同出版
＊　『毎日新聞』時評コラム「視点」担当

1977

1.6 ～ 2.22　「新政治考」『朝日新聞』(40 回連載)　→[9]
2　「国会イメージの転換を」『世界』　→[15][17]
2　対談「日本の議会政治」〔＋塩口喜乙〕『法学セミナー』増刊・現代議会政治
4　「協同組合運動と政治」『協同組合経営・研究月報』
4　「土木界へ望む」『土木学会誌』
4　討議「都市政策の原点」〔＋奥田道大、越智昇、野村浩一〕立教大学法学会『法学周辺』(別冊 7)
5　[9]**『新政治考』**朝日新聞社
6.1　〔再録〕対談「市民的自由と分権化」(1976)〔＋小宮隆太郎〕『現代のエスプリ』(日本の政治)至文堂
6.10　討議「革新自治体の革新性とは」〔＋葉山峻、安江良介〕『朝日ジャーナル』
8　対談「日本の政治風土」〔＋伊東光晴〕『経済セミナー』
8　「市民自治と憲法」『埼玉自治』
9　「市民生活環境基準について」沼津市シビル・ミニマム研究会『要録』
9　〔再録〕「市民参加と法学的思考」(1973)室井力編『文献選集・日本国憲法 12』三省堂
10　〔再録〕「憲法擁護運動の理論的展望」(1962)長谷川正安、森英樹編『文献選集・日本国憲法 13』三省堂
11　「自治体革新と市民参加」『月刊自治研』(地方自治法 30 年・自治研 20 周年記念講演)　→[14]

1978

1　討議「「自治と連帯の全国市民集会」への問題提起」〔＋宮城まり子、八代英太、小倉襄二、長洲一二、飛鳥田一雄〕『地方自治通信』
3　討議「市民自治と市民参加の論点」〔＋大森彌、W・ハンプトン〕『地方自治通信』
3　討議司会「現代法研究の課題と方向―法政大学現代法研究所設立をめぐ

って」〔＋青木宗也ほか 10 名〕『法学志林』

4.7　討議「高度成長を問い直す」〔＋坂本義和、吉冨勝〕『朝日ジャーナル』（創刊 1000 号記念号）

9　対談「都政における戦略と課題」〔＋浅田孝〕『都政人』

10　「東京圏をめぐる戦略と課題」『世界』　→14

10　「曲り角にたつ地方自治」大阪市政調査会『市政研究』

10　討議「市民自治と新保守主義」〔＋大島太郎、鳴海正泰〕『都政』

10.4･5･6　「新しい地域づくり」『山形新聞』

11　「防災計画を市民サイドで作りなおす」『都市創造』創刊号

11.27　東京会議シンポジウム〔＋松原治郎、岩田幸基、丸尾直美、川添登〕『読売新聞』

12　〔再録〕対談「日本の政治風土」〔＋伊東光晴〕（1977）伊東光晴編『日本の経済風土』日本評論社

12　「都市づくりの考え方」明星学園編『学びの原点へⅡ』新泉社

12　「市民参加とシビル・ミニマム」広岡治哉・柴田徳衛編『東京・ロンドンの研究』法政大学出版局

*　〔再録〕「大衆社会と管理社会」（1969）『現代の理論主要論文集』現代の理論社

*　「Reappraising the Diet's Role」『Japan Echo』 special issue

*　「Citizen Participation in Historical Perspective」 J. V. Konschmann ed.『Authority and the Individual in Japan』東京大学出版会

*　「論壇時評」（1978.1 ～ 1979.12、48 回）『朝日新聞』　→10

1979

1　対談「80 年代の地方政治」〔＋長洲一二〕『法学セミナー』

2　「革新自治体から自治体革新へ」湘南文化懇談会レポート 13

3　「市民型法意識と法社会学」（日本法社会学会報告）同学会年報『日本の法社会学』（創立 30 周年記念号）　→14

3　「パイオニア型農民を主体とする地域農業の推進を」農業問題研究会議『農業問題』

3　「党革新と江田さん」『江田三郎・ロマンと追想』（追悼集）

4.1　「知事選・私の分析」『朝日新聞』

4.15　「提言・都と区の分権化を」『東京新聞』

5　「都市づくり要綱の今日的意義」『地方財務』　→14

5　対談「草の根民主主義の意義と思想」〔＋松下竜一〕『月刊労働問題』

5　討議「地域社会の革新をいかにすすめるか」〔＋清成忠男、森戸哲〕『週刊東洋経済』増刊（地域主義の挑戦）

6　「市民社会」「大衆社会」「余暇」大阪市大経済研究所編『経済学辞典』岩波

書店
8.28　「特別区政調査会の答申をみて」『都政新報』
9　「地域経済の可能性はどこにあるか」日本立地センター『産業立地』
9・10　「行政の理念と方法—求められる行政の哲学」『地方自治職員研修』
10　対談「市民文化と行政の文化化」〔＋田村明〕『地方自治職員研修』臨時増刊 →1984-X
10　対談「転換期の行政と公務員」〔＋西尾勝〕『法学セミナー』増刊 →1984-X
11　「私の提案」（第 1 回全国行政シンポジウム）総合研究開発機構『自治と文化』
12　「地域社会と地方自治」生活クラブ共同組合『市民講座・地域社会づくりへの提案』
12　「地方の時代と政治」参議院協会『参風』

1980

1　討議「80 年代の地方自治」〔＋大原光憲、西尾孝明〕『地方自治通信』
1　「A New Liberalism in Prospect」『Japan Quarterly』
2　「自治体計画中心の行政へ」『京都市政調査会報』
3　「都市景観」『朝日ジャーナル』臨時増刊ブックガイド 80
4　「県と市町村の新しい関係のための問題整理」『自治体学研究』
4　「続・シビル・ミニマムの思想」『地方自治職員研修』（150 号記念号） →14 17
4　「自由な時間の設計能力を」『法政』
4　「市民が政治を変える」『草の実』
5　「Decentralization and Political Culture」国際交流基金・日本研究センター 『Center News』
6.25　「一強六弱と野党責任」『朝日新聞』
7　10**『市民自治の政策構想』**（1978・79 年朝日新聞論壇時評集）朝日新聞社
7　「都市美の創出と山の景観美」『小島烏水全集 5』月報、大修館書店
7　対談「市民文化の創造と社会教育」〔＋小川利夫〕『地方自治通信』 →1984-X
7　対談「地方の新時代と自治体」〔＋佐藤竺〕『ジュリスト』増刊 →1984-X
9　〔再録〕「自治体革新と市民参加」（1977）『現代のエスプリ』（住民参加）
10　討議「国政調査機能」参議院常任委員会調査室『立法と調査』（100 号記念）
10　**『職員参加』**〔編著〕学陽書房、編者論文「職員参加の意義と理論構成」 →14
11　討議「まちづくりへの試行」〔＋伊東光晴、杉岡碩夫、西尾勝、篠原一〕『地方自治通信』
11　討議「環境整序権を考える」〔＋田村明、田畑貞寿〕埼玉県シンポジウム

記録

11　「コミュニティと家庭」『家庭科教育』

12　対談「緑とまちづくり」〔＋田畑貞寿〕『地方自治通信』 →1984-X

12　討議「地方の時代・市民の時代」〔＋西尾勝、大森彌、磯村英一〕『明日の都市 9』中央法規

＊　『読売新聞』書評委員

1981

1.1　「「市民社会・主義」に立ち」『朝日新聞』

1.3　「東京・責任の領域を明確に」『東京新聞』

1.8　インタビュー「安全保障」『朝日新聞』

2.7　討議「県民ぐるみで新時代」〔＋中川平太夫、小葉田淳、西野嘉一郎〕『福井新聞』

3　対談「行政改革の理念」〔＋渡辺保男〕『法律時報』臨時増刊

3.27　対談「多元的価値観の市民社会を拓く」〔＋日下公人〕『朝日ジャーナル』

4　「市民文化と市民行政」『地方自治職員研修』

4　「行政の文化水準を考えよう」行政の文化化をすすめるための研究交流集会『行政の文化化をめざして』

5　「市民・行政・情報」（日本行政学会報告）学会年報『行政と情報』ぎょうせい →14

5　**『文化行政**―行政の自己革新』〔＋森啓編〕学陽書房、編者論文「自治の可能性と文化」 →14

7　「自治体と文化」沼津新基本計画策定記念講演要録

8　対談「自治体政策づくりの意義と課題」〔＋丸山康雄、富塚三夫、大原光憲〕大原光憲・横山桂次編『自治体政策づくり読本』総合労働研究所

9　日本政治学会年報『政治学の基礎概念』「編集委員長はしがき」岩波書店

9　「権力」（同上書） →18

9　「都市型社会と防衛論争」『中央公論』 →15 17 23

12　「歴史環境保全の思想（第 5 回全国町並みゼミ記念講演）」『環境文化』 →14

12　対談「市民にとっての都市再生」（＋木原啓吉）『ジュリスト』増刊 →1984-X

1982

1　「The Urban Type of Society and International War」『Institute for Peace Science』Hiroshima University Research Report No.8

2　「〈行政の文化化〉をすすめるために」国民文化会議『国民文化』

3　「地方の時代と文化行政」静岡県生活環境部県民生活課『せいかつ文化』

創刊号

3　〔再録〕「続シビル・ミニマムの思想」（1980）『現代のエスプリ』（地方の時代）至文堂

3　討議「自然保護を軸とした市民参加」〔＋吉良竜夫、上田篤、藤谷豊、高橋裕、柴田繁隆、白木幸子、木原啓吉〕環境庁自然保護局『ナショナル・トラストへの道』（自然公園 50 周年記念）ぎょうせい

4　「自治と文化行政」神奈川県県民部文化室『個性的な地域づくりをめざして』（全国市町村文化行政研究交流集会基調講演）

4　「分権必要な都市型社会」朝日新聞社『平和戦略 1』

4　討議「新しい自治体像」〔＋青山貞一、大森彌、桐島洋子、高橋安明、田村明〕神奈川県『自治体学研究』

5　「国土計画への課題と手続」国土庁企画調整局編『国づくりへの提言』東洋経済新報社

6　「行政概念の再編成を」『法学セミナー』増刊（情報公開と現代）

6　「市民にとっての都市再生」『ジュリスト』増刊

8.5　「減量への説得欠ける臨調答申」共同通信配信

8.31　「そなえは街づくりで」市報『むさしの』（防災市民委員会編・防災特集号）

9　「行政改革の課題と臨調基本答申」『行政管理研究』

9　「街づくりの手法と計画」日本青年会議所関東地区協議会・街づくり推進委員会『市民主導型のマイタウンをめざして』

10　「行政改革と青年会議所―市民主導型社会をめざして」日本青年会議所・'82 市民会議推進特別委員会編『市民会議推進マニュアル』

11　対談「臨調答申の見逃したもの―行財政の構造改革案」〔＋西尾勝〕『世界』

11　対談「日本の政治社会構造」〔＋石川真澄〕『現代の理論』

12.29　討議「中曽根政権と野党の対応」〔＋岩垂寿喜男、堤清二、渡辺美智雄〕『朝日新聞』

＊　『読売新聞』書評委員

1983

1　対談「成熟社会への行政運営」〔＋寄本勝美〕『ジュリスト』（行政の転換点）

1　「情報公開と行政の概念」『地域開発』

1.17　「活力生む野党の挑戦」『北海道新聞』

2　討議「饒舌あるいは雄弁について」〔＋香原志勢、吉田夏彦〕『図書』岩波書店

2　対談「現代文明批判の視点をめぐって」〔＋槌田敦〕『地方自治通信』

2.21･22　「もう一つの防衛論議」『毎日新聞』　→[14][23]

3　「政治学の新段階と新展望」（1977 年日本政治学会報告）横越英一編『政治学と現代世界』御茶の水書房　→[18]

5.21･22　「地方自治の 80 年代」『毎日新聞』

5　「市民文化と地方自治」練馬市民大学編『市民の復権』中央法規

6　対談「自治体改革構想の基本マニュアル―菅原良長をめぐって」〔＋新藤宗幸〕『都政人』

6　「戦略をあやまる〈かけ声臨調〉」『ジュリスト』

7.1　「選挙制度で国民討論を」『朝日新聞』

8　「自治体の行革と情報公開」全国市議会議長会『第 14 回全国市議会幹部職員研修会講義集』

9　「行政改革の課題と臨調基本答申」『行政管理研究』

12　「80 年代の地方自治」（財）高崎哲学堂設立の会『よろこばしき知識』

12　対談「情報公開と市民参加の課題」〔＋大森彌〕『地方の時代・実践シリーズ 7』（市民参加のまちづくり）ぎょうせい

＊　『読売新聞』書評委員

1984

1　「対市民規律の欠如と防衛論議」『国民文化』〔国民文化会議『無防備地域運動』No.3 に再録〕

3　「日本の政策課題と政策構成」日本政治学会年報『政策科学と政治学』→18

4　「自治体改革の成果と新展望」『自治体学研究』（20 号記念号）　→14

4　討議「武蔵野市〈指導要綱〉地裁判決をどうみるか？」〔＋五十嵐敬喜、田村明〕『地方自治通信』

5　討議「土木事業に求める役割」〔＋岡並木、中村英夫、推貝博美〕『土木学会誌』

5.21･22　「文化システムとしての緑」『毎日新聞』　→14

7　対談「日本の政治における戦前と戦後」〔＋高畠通敏〕『法学セミナー』（特集 これからの日本の政治）日本評論社

9　「自治体職員論の再構成」『月刊自治研』（300 号記念）

9　対談「政策研究の意味と可能性」〔＋田村明〕『晨』

11　「都市づくりの論理」都市を考える法律家と建築家の会・基調報告『環境文化』64 号

11　討議「政治家とビジョン」〔＋竹中一雄、石川真澄〕『現代の理論』

11　討議司会「一年生議員大いに語る」『中央公論』

11.19･20　「『民間活力』の導入とは何か」『毎日新聞』　→14

12　「自主研究活動に期待する」地方自治体活性化研究会『自治のひろば』

12　1984-X　**『都市文化をデザインする』**〔編著〕（対談集）有斐閣

12　「市民の自衛権とジュネーブ条約追加議定書の重要性」『地方自治通信』

＊　「Half-Democracy」『Japan Quarterly』（春季号）

1985

1 「自治体における政策研究の意義」『自治体学研究』

2 「市民自治による市民福祉」『月刊福祉』

2 「懐しい京橋界隈―中央公論 100 年によせて」『中央公論』

4 [11]『**市民文化は可能か**』岩波書店

4 〔再録〕討議「武蔵野市〈指導要綱〉地裁判決をどうみるか」〔＋田村明、五十嵐敬喜〕(1984) 後藤喜八郎編『都市づくり要綱裁判』日本評論社

5.24･25 「どうすすめる地方行革」『毎日新聞』 →[14]

6 「新しい行政スタイルと職員像」『地方自治職員研修』臨時増刊

8 「戦後日本の自治」(連続講座・戦後日本を考える 9)『国民文化』

11.25･26 「「閉鎖国家」日本を超えて」『毎日新聞』

12 「自治体はどこまで変ったか」『ジュリスト』増刊 (地方自治の文化変容)

12 「市民会館と市民」埼玉県飯能市『市民百科手帳』

＊ 「The Urban Type of Society and International War」 Galtung and the others ed. 『Global Militarization』 Western Press (USA)

1986

3 「思想の言葉」『思想』

3 「自治体は何を求められているか」『地方行革を考える』(シンポジウム報告)

3 「行政の文化化とまちづくり」『まちづくりセミナー記録』(滋賀県)

4 「21 世紀の街づくり」佐久青年会議所創立 20 周年記念第 1 回ふるさとシンポジウム議事録

7 『**自治体の先端行政**―現場からの政策開発』〔編集〕学陽書房

7 〔再録〕「〈自治〉はどのように展開しうるか」(1985『国民文化』連続講座) 日高六郎編『戦後日本を考える』筑摩書房 →[19]

8 [12]『**社会教育の終焉**』筑摩書房

9 「自治体における政策研究」『経済評論』臨時増刊・自治体学の構築を→[14]

10 討議「都市の棲み方」〔＋井上輝子、小室等、島田雅彦〕『かわさき』川崎市

12 「理事長就任あいさつ」『日本政治学会会報』

〔本年以降、マスコミへの原稿寄稿をやめる〕

1987

1 対談「市民政治理論の現代的意義」〔＋有賀弘〕『月刊自治研』

1 対談「研修神話の解体と再編から自治の研究へ」〔＋西尾勝〕『地方自治通信』

2 「日本の近代化と政治」(講演) 関西大学法学部『法学会誌』(創立 100 周

年記念)
4 対談「JCのまちづくり運動」〔+西尾勝〕『地方自治通信』
4 「新しい行政スタイルと職員像」(第6回全国文化行政シンポジウム報告)『月刊NIRA』
4.5 討議「変革期の地方自治」〔+湯本安正、真野輝彦、小林実〕『信濃毎日新聞』
5 [13]**『ロック「市民政府論」を読む』**岩波書店
9 「今後の文化行政」NIRA『文化行政のこれまで・これから』
10 [14]**『都市型社会の自治』**日本評論社

1988

1 討議「地方自治の展開と課題」〔+兼子仁、寄本勝美〕『法律時報』
2 「市民自治」「シビル・ミニマム」『社会学事典』弘文堂
2 〔再録〕「社会科学の今日的状況」(1960)『日本の社会学 17』東京大学出版会
3 対談「自治体法務の展開のために」〔+西尾勝〕『地方自治通信』
3 「これからの文化行政」自治体学会東北地域研究交流会『標』第2集
6 **『自治体の国際政策』**〔編著〕学陽書房、編者論文「自治体の国際政策」→[18]
7.20 「政策研究をめぐる問題と状況」田村明・三木俊治編『とくしま自治体会議報告集』公人社
9 「独創的な地域文化を」長洲一二ほか編『地方の時代・いま』ぎょうせい
10 [15]**『昭和後期の争点と政治』**木鐸社

1989

1〜1991.3 『昭和』(全19巻)編集委員〔+尾崎秀樹、原田勝正、三国一朗〕講談社
1 対談「地方自治の構築にむけて」〔+西尾勝〕『地方自治職員研修』(地方自治法40年・市町村制100年記念号)
3 〔再録〕「大衆天皇制論」(1960)『中央公論』特集・中央公論にみる天皇制 →[15]
4 〔再録〕対談「研修神話の解体と再編」〔+西尾勝〕、対談「自治体法務の展開のために」〔+西尾勝〕(1987、1988)地方自治センター編『自治体革新の政策と構想・下』(『地方自治通信』総集編)公人社
4 「現代法と政策法務」(1988年日本法社会学会報告)同学会年報『法社会学への期待』(40周年記念号) →[18]
6 「茶花のある店」『一輪ざしの四季(高野美和さんを偲ぶ)』(追悼文集刊行委員会編)
10 「求められる行政の哲学」『地方自治職員研修』
11 「都市型社会の政治発想」『講座・転換期における人間 4』岩波書店 →[18]

12　「現代社会とマルクス主義」『現代の理論』(終刊号)

12　対談「市民文化の基盤をどうつくるか」〔＋栗原彬〕『グラフィケイション』

1990

2　「国家神話の破綻と〈市民〉の可能性」流通産業研究所『流通産業』

4　対談「現代民主主義と地方自治」〔＋山内亮史〕『北海道自治研究』

4　対談「戦後政治と地方自治」〔＋村松岐夫〕『レヴァイアサン』木鐸社

5　「政治学を考える」(理事長挨拶)『日本政治学会会報』

7　『**資料・革新自治体**』編集委員〔＋鳴海正泰、神原勝、大矢野修〕全国革新市長会・地方自治センター編、日本評論社

11　〔再録〕「大衆天皇制論」(1960)『現代のエスプリ』(昭和から平成への天皇論)至文堂

12　「吉祥寺村立雑学大学に思う」『吉祥寺村立雑学大学』(500 回記念号)

1991

2　討議「資本主義こそ脱皮を問われている」〔＋岸本重陳〕『SAPIO』(小学館)

3　「国家」大学教育社編『現代政治学事典』おうふう

3　対談「市民主義に耳を傾ける」〔＋岸本重陳〕『SAPIO』

4　「先駆自治体は憲法を超えた」『世界』

4　討議「これからの都市の文化行政を考える」〔＋鳴海正泰、本間義人〕『自治体政策情報』藤沢市

5　対談「首長のリーダーシップと自治体政治」〔＋田村明〕『月刊自治研』

5　「市民自治と文化のまちづくり」『地方自治ジャーナル』特集・第 1 回文化の見えるまちづくり政策研究フォーラム

8　対談「文化ホールと自治体の文化戦略」〔＋森啓〕森啓『文化ホールがまちをつくる』学陽書房

9　「自治体の魅力と可能性」神奈川県自治総合研究センター『自治体学研究』(50 号記念特集)

10　討議「20 世紀の光と影」〔＋伊東俊太郎、田中庄司〕『神奈川大学評論』

12　[16]『**政策型思考と政治**』東京大学出版会〔NIRA 東畑精一賞受賞〕

1992

1　「政策の開発・研究・研修」山梨学院大学行政研究センター『政策研究と公務員教育』第一法規

5　「20 世紀日本の読書遍歴」(アンケート)『よむ』岩波書店

8　「地図と自治体行政─地域生活環境指標地図をつくる」川崎市『かわさき』

11　討議「冷戦後世界の平和課題と自治体の役割」〔＋新藤宗幸、高柳先男、藪野祐三〕日本平和学会『平和研究』

11　〔再録〕対談「20 世紀の光と影」〔＋伊東俊太郎、田中庄司〕(1991) 神奈川大学評論叢書 1『国家の変容』御茶の水書房

1993

1　「都市型社会と政策・制度転換」『シリウス』(創刊号) 悠々社

1　討議「自治体による国際活動の展開」〔＋水嶋俊彦、内田和夫〕『月刊自治研』

1　「第 1 回自治体政策セミナー基調報告」『自治体政策情報』地方自治センター

5　「生活権の思想と政策」川添登・一番ヶ瀬康子編著『講座 生活学 I ・生活学原論』光生館 →18

12　「政策型思考と自治体」自治大学校『月刊自治フォーラム』 →18

1994

2　「市民と行政の役割について」『プレス・オールタナティヴ』

3　「政策型思考と自治体」地方議員政策研究会『LOPAS』

3　「組織・制御としての政治」『法学志林』 →17 18

3　〔再録〕「政策型思考と自治体」(1993) 自治研修協議会『地方自治体における政策研修実施状況』

3　「戦後日本の政治と国民」福岡ユネスコ協会『第 7 回日本研究国際セミナー '93』議事録

4　『自治体の基礎理論―分権化・国際化・文化化への構想』地方自治総合研究所 (自治総研ブックレット 41) →19

5　「自治体の法務政策」『判例地方自治』 →18

5　「行政・行政学・行政法学」(1993 年日本行政学会報告) 同学会編『行政学と行政法学の対話』ぎょうせい →18

6　「市民・自治体による政策研究・制度開発」(第 1 回神奈川県政策研究フォーラム)『地方自治ジャーナル』

9　17**『戦後政治の歴史と思想』**(ちくま学芸文庫) 筑摩書房

9　「会計検査のフロンティア」会計検査院『会計検査研究』 →18

12　「シビル・ミニマム論の回顧と展望」東京自治問題研究所編『21 世紀の都市自治への教訓』

12　「政策型思考と政治―市民団体の活動と課題」日本 YMCA 研究所編『YMCA とパブリックポリシィ (YMCA スタディシリーズ 12)』

12　「先駆自治体における政策開発」北海道市町村振興協会研究討論会報告 →19

1995

1　「分権段階の政治と自治体」『自治労通信』

2　対談「政策法務と自治体」〔＋五十嵐敬喜〕『地方自治ジャーナル』公人の友社

3　「分権の意義・課題と考え方」(地方の時代シンポジウム最終回・基調報告）長洲一二編『地方分権へ』ぎょうせい　→19
討議「地方分権へ」〔＋大森彌、菅直人、並河信乃、川島正英〕(同上書）

5　「いま、なぜ、自治・分権なのか」(国民文化会議研究シンポジウム)『国民文化』　→19

5　〔再録〕「大衆天皇制論」(1959）天野恵一編『大衆社会と象徴天皇制』(コメンタール戦後 50 年 2 ）社会評論社

6　〔再録〕『いま、なぜ、自治・分権なのか―阪神大震災から自治体外交まで』国民文化会議シリーズ No.2、世織書房

6　「The Frontiers of Public Auditing」『Government Auditing Review』(Board of Audit JAPAN）(会計検査院）(1994 の英訳）

7　「行政の劣化と考える職員」『地方自治職員研修』

9　18**『現代政治の基礎理論』**東京大学出版会

10　〔再録〕「市民参加と法学的思考」(1973)『『世界』主要論文選 1946 ～ 1995』岩波書店

10.23　「地方からみた地方分権」岩手ふるさとづくりセミナー基調講演『岩手日報』

1996

1　19「**日本の自治・分権**』(岩波新書）

1　「日本国憲法の五〇年」天川晃・五十嵐武士編『戦後日本史と現代の課題』築地書館　→20

1　「情報公開と市民参加」(北海道自治体学会報告)『フロンティア 180』北海道町村会　→21

3.3　討議「地方分権・その展望と課題」〔＋仲地博、眞栄里泰山〕『琉球新報』

4　「阿利さんとみたムラ選挙」『阿利莫二追悼集』

7　「日本の公共政策研究（日本公共政策学会創立総会基調講演)」『日本公共政策学会会報』No.1　→20 33

9　「日本の自治・分権」新潟県地域総合研究所『検証！地方分権』

10　「政策法務と自治体改革」島根県自治体学会『創・自治立法』

10　「政治学では何が問題なのか」(日本政治学会報告）　→20

11　「分権改革と政策・制度開発」川崎市企画財政局都市政策調査室『政策情報かわさき』創刊号

11　〔再録〕「憲法擁護運動の理論と課題」(1962）伊藤公雄編『憲法と世論』(コ

メンタール戦後 50 年 8）社会評論社

1997

1　「オンブズマン制度はできるか」参議院第三特別調査室『国会による行政統制の在り方』（国際基督教大学政府制度研究会への委託調査）→20

1　「北海道の自然と町村」『フロンティア 180』北海道町村会

2　「分権段階の自治体と政策法務」山梨学院大学行政研究センター編『分権段階の自治体と政策法務』（創立 50 周年記念）公人の友社　→21

3　「都市型社会と自治・分権」東京都公民科・社会科教育研究会『都公社研紀要』

5　「市民立法の発想と法務」市民立法機構『市民による立法をめざして』（設立総会報告）〔市民立法機構レポート No.1〕→20

7　「分権段階の憲法と自治体」『フロンティア 180』北海道町村会

8　討議「行政権とは何か」〔＋菅直人、五十嵐敬喜〕『世界』

10　「官僚内閣制から国会内閣制へ」（法政大学法学部政治学科コロキアム報告）→20

10　「政策開発と自治体改革」『桧山地域政策セミナー』（道南版地方自治土曜講座）

11　「計画づくりから地域づくりへ」『都市の未来にむけて』（武蔵野市制 50 周年記念講演記録）→21

1998

1　対談「首長はガバメントの長という自覚を」〔＋森啓〕『フロンティア 180』北海道町村会

4　20**『政治・行政の考え方』**（岩波新書）

5　〔再録〕討議「行政権とは何か」〔＋菅直人、五十嵐敬喜〕（1997）菅直人『大臣』岩波新書

5　**『資料・革新自治体（続）』**編集委員〔＋鳴海正泰、神原勝、大矢野修〕地方自治センター資料編集委員会編、日本評論社

6　〔再録〕「日本の公共政策研究」（1996）「日本の公共政策の研究」『公共政策』（日本公共政策学会年報 1998）

7　〔再録〕討議「抵抗と創造の論理」〔＋鶴見和子、橋川文三〕（1968）『鶴見和子曼荼羅Ⅲ』藤原書店

8　〔再録〕対談「政党政治と直接民主主義」〔＋久野収〕（1970）『久野収全集Ⅳ』岩波書店

10　「自治・分権とまちづくり」（新潟まちづくり学会設立記念講演会録）→21

11　「現代政治の条件」（1959）、「シビル・ミニマムの思想」（1971）『社会学文献事典』弘文堂

11　「自治体財務という新課題」八尾市 →21

1999

1　「自治体議会は新段階に」(北海道自治体学会報告)『フロンティア 180』北海道町村会 →21

3　「政策法務とは何か」『地方自治職員研修』

3　『分権段階における総合計画づくり』(多治見市総合計画策定基調講演記録)多治見市ブックレット 2 →29 31

5　〔再録〕「分権段階の憲法と自治体」(1977)、「自治体議会は新段階に」(1999)、「首長はガバメントの長という自覚を」〔＋森啓〕(1998)、北海道町村会編『分権時代の自治体理論』

5　討議「政策型思考について考える」〔＋北海道政策型思考研究会〕『論集「政策型思考と政治」を読む』(北海道自治体学会叢書)

7　「憲法」「自治体」「生活権(シビル・ミニマム)」『生活学事典』TBS ブリタニカ

10　21**『自治体は変わるか』**(岩波新書)

12　討議「ゼロ・サム時代における自治体職員」〔＋川崎市職員〕『政策情報かわさき』川崎市

2000

1　対談「地方分権元年」〔＋西尾勝〕『地方自治職員研修』

3　「分権化時代の政治学」大東文化大学国際比較政治研究所『国際比較政治研究』第 9 号

5　討議「いま、あらためて『市民自治の憲法理論』を読む」〔＋森啓、神原勝、川村喜芳ほか〕『フロンティア 180』夏期号・北海道町村会

7　対談「三層の底流から熟柿型革命」(シリーズ分権の貌 15)〔＋川島正英〕『月刊地方分権』ぎょうせい →36

7　「解説」『内田満政治論集 3』早稲田大学出版部

8　「耐えられますか地方分権」自治体学会三重県会議議事録

10　22**『転型期自治体の発想と手法』**(北海道町村会土曜講座ブックレット)公人の友社 →31

11　「地方分権時代の政策課題と職員像」『山形県地方分権セミナー』

11　「自治体政策と法務・財務」島根県市町村総合事務組合『教養講座記録集』

11　「夕日に輝いた光景」『高柳先男追想集』

11　「シビル・ミニマム」猪口孝ほか編『政治学事典』弘文堂

2001

1　対談「21 世紀の民主主義を展望する」〔＋編集部〕『月刊自治研』 →36

1　対談「分権型自治体計画への転換」〔＋編集部〕『地方自治職員研修』　→[36]

1　〔復刊〕[6]『**シビル・ミニマムの思想**』（1971）東京大学出版会（創立50周年記念復刊）

3　「松下圭一著述目録」『法学志林』　→[33]

4　〔再録〕「大衆国家の成立とその問題性」成蹊大学法学部政治学科『政治学への案内』（リーディングス）

4　「分権段階の政策法務」福井県総務部市町村課講演記録

6　〔再録〕「政治の型と人間・文化の型」（1976）岩波書店『思想の言葉Ⅲ』

7　〔再録〕「〈私文化〉と〈市民文化〉」（1986）岩波書店『思想の言葉Ⅳ』

7　「自治体は転型期に」『地域コミュニケイション研究会の二〇年』（静岡県沼津市）

2002

1～5　『岩波講座 **自治体の構想**』全5巻、編集委員〔＋西尾勝、新藤宗幸〕

2　「自治体は変わるか」（北海道北広島市講演記録）

3　「自治体財政の構造は変わった」（インタビュー）自治体学会『年報自治体学』

5　「市民文化の可能性と自治」（同上岩波講座5）　→[32]

5　討議「政治家としての首長・議員」〔＋西尾勝、新藤宗幸〕（同上岩波講座5）

8　[23]『**都市型社会と防衛論争**』公人の友社（『中央公論』1981＋解説）

11　「なぜ、いま、基本条例なのか」『地方自治職員研修』臨時増刊　→[32]

2003

3　「転型期自治体における財政・財務」『地方自治職員研修』臨時増刊　→[32]

3　「自治体学会出発の頃」自治体学会『ニューズレター』（100号記念）　→[33]

6　[24]『**社会教育の終焉**〔新版〕』公人の友社　→[12]

8　[25]『**シビル・ミニマム再考**―ベンチマークとマニフェスト』北海道町村会・地方自治土曜講座ブックレット、公人の友社　→[31]

9.25　「弔辞」法政大学・中村哲先生を偲ぶ会

10　「お別れの言葉」『みすず』（追悼　藤田省三特集）

11　[26]『**市民文化と自治体文化戦略**』第9回「文化のみえるまちづくり政策研究フォーラム」基調講演、公人の友社　→[31][32]

11　「都市型社会と自治体の再構築」第18回北海道会議（IBM主催）

11　沖縄自治研究会「自治体再構築の起点」　→[33]

2004

2　「政策法務の過去・現在・未来」『政策法務1』第一法規

2　「政策法務と自治体再構築」東京都市町村職員研修所『翔』第7号　→[32]

2　[27]『**戦後政党の発想と文脈**』東京大学出版会
4　[28]『**市民立憲への憲法思考**―改憲・護憲の壁をこえて』CIVICS（市民立法 1）生活社 →[32]
5　〔再録〕「市民立憲への憲法思考―改憲・護憲の壁をこえて」（2004）『北海道自治研究』
6　「市民活動と市民型政党の可能性」（インタビュー）『社会運動』 →[36]
7.4　「NPO の手助けは間違い」『北海道新聞』（はなし抄）
7　「公共概念の転換と都市型社会」『講座・公共哲学 11』東京大学出版会 →[32]
8　[29]『**転型期の自治体計画づくり**』〔（1999）の新稿〕（TAJIMI City Booklet No.2）公人の友社 →[31]
9　「市民発想の憲法理論をつくるために」参加型システム研究所『参加システム』 →[33]
12　[30]『**自治体再構築の市民戦略**』公人の友社 →[31]

2005

1　「ロック『市民政府論』再考」『NIRA 政策研究』 →[33]
7　[31]『**自治体再構築**』公人の友社 （[22][25][26][29][30]の合冊）
9　「自治体再構築はできるか」『シンクタンクふくしま・ニューズレター』夏季号
9　「手廻し計算機で考える」『石川真澄という人がいた』（追想録）
12　[32]『**転型期日本の政治と文化**』岩波書店

2006

3　「2000 年分権改革と自治体」『新しい地方自治の創造』日本青年館
7　[33]『**現代政治＊発想と回想**』法政大学出版局

2007

1　対談「美濃部都政と現代都市政策への視点」〔＋中嶌いづみ〕『都市問題』→[36]
1　対談「現場の問題を解決する実学思考を」〔＋池田克樹〕『ガバナンス』→[36]
4　対談「いまから始まる自治体再構築」〔＋今井照〕『地方自治職員研修』→[36]
8　[34]『**市民・自治体・政治＝再論・人間型としての市民**』公人の友社 →[36]
9　「構造改革論争と《党近代化》」北岡和義編『政治家の人間力・江田三郎への手紙』明石書店 →[36]
11　討議「東京大学学生新聞の時代」『東京大学新聞年鑑（2006 ～ 07）』

2008

5　〔再録〕対談「いまから始まる自治体再構築」〔＋今井照〕（2007）今井照

編『市民自治のこれまで・これから』公職研 →㊱
5 書評「職員が拓く自治体政府の展望」（森啓『新自治体学入門』）『地方自治職員研修』
9 「なぜ基本条例を制定するのか」『武蔵村山市講演会録』 →㊱

2009

9 対談「市民が自治体をつくる」〔＋大矢野修〕『月刊自治研』 →㊱
9 〔再録〕「吉祥寺村立雑学大学に思う」（1990 年 500 回記念誌と同一原稿）吉祥寺村立雑学大学『市民文化の豊かさの象徴』（1000 回記念誌）
9 〔再録〕「美濃部都政」（2007）東京市政調査会編『地方自治史を掘る』
10 ㉟『**国会内閣制の基礎理論（松下圭一法学論集）**』岩波書店

2010

8 ㊱『**自治体改革＊歴史と対話**』法政大学出版局

2011

5 「2000 年代の自治体改革にむけて」森啓・川村喜芳編『自治体理論の実践・北海道土曜講座の十六年』公人の友社
10 「政策づくりとしての政策法務」『自治体法務 NAVI』第一法規
12 「東日本大震災と公共・政府政策」『日本公共政策学会年報』

2012

7 〔再録〕対談「市民文化と行政の文化化」〔＋田村明〕（1979）『地方自治職員研修』臨時増刊
7 〔再録〕「なぜ、いま、基本条例なのか」（2002）（同上誌）
8 ㊲『**成熟と洗練＊日本再構築ノート**』公人の友社

2013

6 ㊳『**2000 年分権改革と自治体危機**』公人の友社

2014

1 ㊴『**ロック「市民政府論」を読む**』岩波現代文庫（1987）

2015

11 「私の仕事」大塚信一『松下圭一　日本を変える　市民自治と分権の思想』トランスビュー（絶筆）

松下圭一著『現代政治＊発想と回想』法政大学出版局・著述目録**追補**